Ludwig Graber

Neuer Schwung für alte Wirtshäuser

Ludwig Graber

Neuer Schwung für alte Wirtshäuser

Erfolgspotenziale in der Gastronomie

Wie Wirt sein vor allem am Land
wieder Freude und Geld bringt

2. Auflage 2017

© Ludwig Graber (Hg.)

Bibliografische Information der Deutschen Nationalbibliothek: Die Deutsche Nationalbibliothek verzeichnet diese Publikation in der Deutschen Nationalbibliografie. Detaillierte bibliografische Daten sind im Internet unter http://dnb.d-nb.de abrufbar.

Um die Lesefreundlichkeit zu gewährleisten, bleibt der Autor bei der maskulinen Schreibweise, betont jedoch ausdrücklich, dass diese sowohl männliche als auch weibliche Vertreter damit zum Ausdruck bringt.

Umschlag- und Buchgestaltung: Wolfgang Hoi
Buchcoaching: Anita Arneitz | Studio für Schreibkultur
Fotos: privat, Fritzpress

Herstellung und Verlag: BoD – Books on Demand, Norderstedt, Deutschland

ISBN 978-3-8423-6019-8

Inhaltsverzeichnis

Die Idee zum Buch

„Stirbt das Wirtshaus, stirbt das Land!" – unter diesem Motto nahm ich bereits im Mai 2000 an einem Workshop zum Thema „Wirtshaussterben" teil. Namhafte Referenten, wie der damalige österreichische Vizekanzler Dr. Erhard Busek, Univ. Prof. Dr. Brunhilde Scheuringer von der Universität Salzburg, Institut für Kultursoziologie oder Univ. Ass. Dr. Bernhard Tschofen der Universität Wien, Institut für europäische Ethnologie und noch viele andere haben sich der Institution und dem Volksgut Wirtshaus angenommen. Das war die Initialzündung, um mich noch näher mit dem Thema zu beschäftigen. Zehn Jahre später schloss ich mein Diplom-Studium der Betriebswirtschaft an der Hamburger Fern-Fachhochschule in den Studienzentren München und Nürnberg, mit einer umfassenden Analyse der Erfolgspotenziale für Wirte, ab und wende diese seitdem in meinem eigenen Wirtshaus, in Beratungen, Kursen, Workshops, Vorträgen oder Seminaren an.

Ich bin selbst in einem Gastgewerbebetrieb aufgewachsen und habe den elterlichen Betrieb, welcher 1672 gegründet wurde, im Jahre 1994, im Alter von 27 Jahren übernommen. Seitdem übe ich den Beruf „Wirt" als Einzelunternehmen, in Form eines Familienbetriebes aus. In all diesen Jahren als Wirt konnte ich viele praktische Erfahrungen sammeln. Nebenbei war ich in verschiedenen touristischen und wirtschaftlichen Organisationen aktiv, unter anderem bin ich Obmann des Vereins „Kärntner Wirtshauskultur" und unterstütze als Unternehmensberater andere Betriebe auf ihrem Weg zum Erfolg. Als meine große Stärke sehe ich persönlich, dass ich als einer der wenigen Unternehmensberater noch immer aktiv im eigenen Wirtshaus stehe und im operativen Bereich mitarbeite. Alle Probleme, alle Aufgaben löse ich täglich in unserem Wirtshaus und alle Erfahrungen mache ich täglich im eigenen Betrieb. Sozusagen bin ich immer am Puls der Zeit. Der Austausch mit anderen Wirten inspirierte und motivierte mich dazu, meine Erfahrungen in einem Buch zu sammeln.

Meine Ausführungen und Erfolgsfaktoren sind leider kein Patentrezept, das jeder Wirt einfach so anwenden kann. Zu heterogen ist die Wirtshauslandschaft geprägt, und das ist gut so. Nur so kann sich jeder vom Durchschnittsmarkt abheben und ganz einzigartig, authentisch, persönlich und unverwechselbar – und somit nicht austauschbar sein. Wichtig ist, Ideen zu sammeln und für sich selber immer das Beste herausholen, klare Gedanken fassen, dann entscheiden und handeln – nach dem Motto: „Hilf dir selbst, dann ist dir geholfen." Dafür gibt es in diesem Buch einige Impulse.

Womit Wirte zu kämpfen haben

Was ist ein Wirtshaus? Das Gastgewerbe stellt in vielen touristischen Regionen einen wesentlichen wirtschaftlichen Faktor, nämlich den der Beherbergung und Verpflegung von Gästen dar, wobei der überwiegende Teil auf Verpflegung entfällt. Viele Wirtshäuser haben sich im Laufe der Zeit ausschließlich auf die Verpflegung von Gästen spezialisiert. Zielgruppen der Gastgewerbebetriebe, also Wirtshäuser, könnten Stammgäste, Tagesgäste, Einheimische, Touristen oder Fremde sein.

Der Begriff „Wirtshaus" wird zum Beispiel in Österreich in der Gewerbeordnung weder definiert, noch findet man in Gesetzen oder Verordnungen Hinweise auf die Bezeichnung. Rechtlich gesehen ist damit ein Gastronomiebetrieb gemeint, umgangssprachlich wird es als Wirtshaus oder Gasthaus bezeichnet. Im Volksmund wird oft zynisch der Begriff Wirtshaus so definiert, dass hier der Wirt das Sagen hat und in einem Gasthaus, da hat eigentlich der Gast die Hosen an.

In vielen deutschen Gegenden wird auch der Begriff Gaststätte verwendet. Eine breite Definition wäre möglich. Um die Begriffsdefinitionen auf einen gemeinsamen Nenner zu bringen, verwende ich einfach den Terminus „Wirtshaus".

Viele Klischees sind an ein Wirtshaus gebunden. Der Begriff ist an viele Erwartungen geknüpft und steht als Synonym für:

- Gasthof im ländlichen Bereich, in dörflichen Ansiedlungen
- Verkörperung von Geschichte und Identität der Bewohner
- Multifunktionalität durch den persönlichen Einsatz der Wirtsleute
- Vermittlung von Geborgenheit und Willkommen sein
- Einrichtung demonstriert welche Werte die Wirtsleute haben
- Möglichkeit der zwanglosen Kommunikation und Akzeptanz

Wirtshäuser werden sehr oft als Einzelunternehmung vom Eigentümer selbst als Ganzjahresbetrieb geführt. Charakteristika sind lange Öffnungszeiten und die Mitarbeit sowie der Einsatz der gesamten Familie. Es ist keine Seltenheit, wenn Wirtshäuser sechs oder sogar sieben Tage, oft in der Zeit von 10 Uhr (oder früher) bis 24 Uhr oder länger, geöffnet haben.

Für Unternehmen, insbesondere für kleinere Gastgewerbebetriebe, ist und wird es immer schwieriger, am relevanten Markt im starken Verdrängungswettbewerb bestehen zu können. Sättigung der Märkte, volatile Märkte, unzureichende Eigenkapitalausstattung, Systemgastronomie, Paragastronomie[1], mangelnde betriebswirtschaftliche Kenntnis vieler Unternehmer, Strukturwandel, steigende Kosten, Fixkostendilemma oder sinkende Kaufkraft potenzieller Gäste sowie die immer größer werdenden Überbürokratisierung einhergehend mit Dokumentationswahn sind Herausforderungen, mit denen die Unternehmen zu kämpfen haben.

In Österreich und Deutschland wird die Unternehmerlandschaft dadurch geprägt, dass Kleinstunternehmer und Klein- und Mittelunternehmen (kurz: KMUs) im Gastgewerbe als traditionelle Familienbetriebe, meist in Form von Einzelunternehmen geführt werden. In Österreich sind zum Beispiel 99 Prozent aller Tourismusbetriebe KMUs. Diese stellen daher für die Volkswirtschaft einen wesentlichen Faktor dar und bilden vor allem in Krisenzeiten das Rückgrat der Wirtschaft. In Deutschland und der Schweiz ist das nicht anders.

Kapitalgesellschaften sind aufgrund der Kleinheit der Unternehmen eher selten, da diese wegen der Betriebsgröße meist nicht wirtschaftlich geführt werden könnten. Unter dem Schlagwort „Fixkosten-

---

[1] Paragastronomie: Darunter werden örtliche nicht konzessionierte Vereine oder Organisationen verstanden (z.B. Feuerwehr, Fußballclub oder Gesangsverein), die Veranstaltungen (Events) mit Gewinnabsicht organisieren und durchführen, dabei Getränke ausschenken und Speisen verabreichen ohne dafür Steuern zu zahlen.

dilemma" schmälern steigende Kosten Unternehmensgewinne und somit auch den Cashflow. Sehr lange Amortisationszeiten und hohe Kapitalbindung im Anlagevermögen wirken sich negativ auf die Liquiditätssituation der Unternehmen aus. Globalisierungsprobleme und volatile Märkte erschweren es KMUs, relevante Absatzmärkte gewinnbringend zu bearbeiten.

Die Angst liegt nahe, dass nach dem Kaufhaussterben und dem Bauernsterben am Land auch ein Wirtshaussterben folgt. Ein Fernsehsender hat sich der sterbenden Spezies sogar mit einer TV-Serie angenommen.

Das Format „Bauer sucht Frau" ist bekannt. Nun gibt es auch noch eine neue Serie: „Wirt sucht Frau". Sind die Wirtsleute nun auch eine aussterbende Spezies? Ob diese TV-Serie sinnhaft ist oder nicht, will ich nicht beurteilen. Jedoch hoffe ich, dass diese für die Wirtshauslandschaft positive Effekte haben wird. Enorm viele Kochshows, Beiträge über Restaurants, Restauranttester und viele mehr deuten darauf hin, dass das Thema Essen, und damit in Verbindung das Wirtshaus, wichtig ist und an Bedeutung gewinnt.

Mit diesem Buch möchte ich aufzeigen, unter welchen Voraussetzungen Wirtshäuser doch noch Überlebenschancen haben. Um langfristig Marktpräsenz, Wachstum, Erfolg und Unternehmensstabilität für

Wirtshäuser zu gewährleisten, sollten Maßnahmen ergriffen werden, die zu Erfolgspotenzialen ausgearbeitet und entwickelt werden. Ein zielgerichtetes, koordiniertes Marketing würde eine solche Maßnahme darstellen. Marktnischen ausnützen und Markenbildung, also „Branding", wird für eine Stabilität am Markt immer wichtiger. Regionale Kooperationen stellen einen weiteren Erfolgsfaktor dar. Deshalb werde ich auch verschiedene Formen und Möglichkeiten anhand von praktischen Beispielen aufzeigen.

Veränderungen im Tourismus haben Probleme mit sich gebracht, auf die Unternehmer, in der relevanten Branche, nicht zeitgerecht reagiert haben. Dadurch war ein Rückgang bei Nächtigungszahlen in vielen ländlichen Gebieten zu verzeichnen und somit hat sich die Situation von Gastgewerbebetrieben drastisch verschlechtert. Eine hohe Marktsättigung, wie Angebote in billigeren Urlaubsländern, führte dazu, dass der Einsatz eines zielgerichteten und koordinierten Marketings notwendig, jedoch leider verabsäumt wurde.

Aber auch steigende Bedürfnisse und Veränderungen der Erwartungshaltung der Gäste führten dazu, dass permanent in Unternehmen investiert werden musste. Der Kapitalbedarf stieg, denn Investitionszyklen wurden immer kürzer und Unternehmer mussten häufiger auf Fremdkapital zurückgreifen, da Eigenkapital nicht in dem Maße vorhanden war, wie es benötigt wurde. Banken waren anfangs sehr finanzierungsfreudig, jedoch änderte sich dies sehr schnell ab dem Zeitpunkt, bei dem Unternehmer nicht mehr die gewünschten Sicherheiten zur Verfügung stellen konnten. Wirtshäuser konnten im sehr schnell ansteigenden Verdrängungswettbewerb auf Marktveränderungen und Gästewünsche nicht schnell und qualitativ genug reagieren, wie es der Markt verlangt hätte. Erlöse konnten nicht gesteigert, oftmals kaum gehalten werden.

Für leistungswirtschaftliche Prozesse ist Kapital eine Grundvoraussetzung. Daher ist eine optimale Finanzierung, speziell in Zeiten, in denen das Eigenkapital knapp ist, für Wirte einfach notwendig. Gemeinsam werfen wir einen Blick auf die Zahlen. Der Blick für Kostensenkungspotenziale im eigenen Betrieb kann damit geschärft werden. Nur wenn Unternehmer interaktiv mit den laufenden Veränderungen und kooperativ mit den Mitbewerbern arbeiten, haben sie Chancen am Markt langfristig zu existieren. Neben abgestimmten Marketingmaßnahmen und optimaler Finanzierungsauswahl kann ein Unternehmen nur erfolgreich sein, wenn die Motivation und Leistungsbereitschaft des Unternehmers selbst und seiner Mitarbeiter in sehr hohem Maße vorhanden sind. Visionen auf den Boden zu bringen, gesetzte Ziele zu realisieren und die Motivation des Unternehmers sind also wesentliche Potenziale, die zum Erfolg führen.

Sünden der Vergangenheit

Die Wirtschaft ändert sich ständig und daraus resultiert, dass sich auch die Tourismuswirtschaft permanent ändert bzw. ändern muss. Wenn Unternehmer dies übersehen oder nicht bereit sind, sich mit zu verändern und zu agieren, bringt dies große Schwierigkeiten wie eine Absatzverschlechterung mit sich.

Die Unternehmergeneration der boomenden 1980er Jahre hat es in vielen ländlichen Regionen trotz hoher Renditen verabsäumt, in Betriebe zu investieren oder Liquiditätsreserven zu bilden. Wirtshäuser und Hotels sind kontinuierlich dem technischen und infrastrukturellen Veralterungsprozess zum Opfer gefallen. Erwirtschaftete Liquiditätsüberschüsse wurden oft privater Nutzung zugeführt. Folge daraus war, dass Betriebe technisch den Anschluss nicht halten konnten, das Fremdkapital trotz geringer Investitionen anstieg und es zur Überschuldung vieler Betriebe kam.

Durch zu geringe oder gar keine Bilanzgewinne und zu hohen Privatentnahmen kam es zum Aufbau von negativem Eigenkapital. Ein vom Gast geforderter Qualitätsstandard konnte nicht mehr angeboten werden. Investitionen in die Hardware-Qualität waren nicht möglich, weil keine Liquidität vorhanden war und für Qualitätssteigerungen im Soft-Fact-Bereich daher fehlten. Und es fehlt teilweise noch immer neben notwendiger Energie auch die Bereitschaft und Sensibilität. Oft wird die gesamte Energie ins Jammern investiert, statt an Lösungen zu arbeiten. Die Rahmenbedingungen für den Tourismus, wie beispielsweise Gästeverhalten, Erwartungshaltungen und technischer sowie sozialer Fortschritt, haben sich geändert und ändern sich auch weiterhin. Der drastische Umbruch, in dem sich die Gesellschaft von heute befindet, ist für die Tourismuswirtschaft sehr folgenreich. Wer die Übergänge versteht und gestaltet, besser noch mitgestaltet, hat gute Chancen erfolgreich zu sein. Berge, Seen, Wandern oder Wellness allein reichen schon lange nicht mehr aus. Der Urlaubsalltag muss zu einem speziellen Event inszeniert sein und das Angebot muss „in Szene" gesetzt sein und den breit gefächerten Bedürfnissen der Gäste voll entsprechen. Inszenieren bedeutet nicht Eventmanagement rund um die Uhr, sondern die Einsicht jedes Unternehmers, dass nur gut organisiertes und kommuniziertes Erlebnis (Zeit) in einer authentischen Wertewelt (Sinn) auf Basis ehrlich kalkulierter Preise (Geld) die Qualität der Betriebe in Zukunft ausmachen können, das bestätigt auch Freizeitforscher Zellmann.

Änderungen des Gästeverhaltens

Der Trend zu Kurzurlauben nimmt ständig zu. Insgesamt urlauben Gäste häufiger, dafür kürzer.

Damit verbunden ist eine Steigerung der Gäste-zahlen. Trotz dieser Steigerung verringerte sich die Zahl der Übernachtungen. Durch die kürzeren Nächtigungen kann die Auslastung nur gleich blei-ben, wenn die Anzahl der Ankünfte steigt. Dies bedeutet jedoch wieder, dass in Beherbergungs-betrieben höhere Personalkosten anfallen, weil die Zimmer häufiger, also in kürzeren Interval-len gesäubert oder auch renoviert werden müssen.

Familienbetriebe:
Tradition als Fluch und Segen

Die Mehrheit der Wirtshäuser sind Familienbetriebe. Diese nehmen eine besondere Stellung unter den Unternehmen ein. Enge Strukturen, unentgeltliche Mitarbeit der Familienmitglieder, Traditionsdruck, wie auch mangelnde unternehmerische Kompetenz sowie geringe Bereitschaft zu Veränderungen wirken oft negativ auf die Entwicklung von Wirtshäusern.

Familienbetriebe sind seit mehr als einer Generation im Familienbesitz und sind somit sogenannte „Traditionsbetriebe". Tradition, aus dem lateinischen „traditio" entnommen, definiert heute Herkommen, Brauch, Gepflogenheiten. Unter Tradition ist die Weitergabe des Unternehmens von Generation zu Generation im Familienverbund gemeint. In Anlehnung an Markenfirmen berufen sich auch Wirtshäuser gerne auf die Anfänge oder deren Beständigkeit und werben gerne mit Tradition.

Hohes Konfliktpotenzial entsteht durch das Spezifische eines Familienunternehmens, weil Familie, Unternehmen und Eigentumsverhältnisse häufig unreflektiert vermischt werden. Familienmitglieder müssen verschiedene Bereiche „unter einen Hut" bringen, weil Personen auch verschiedene Rollen spielen, die ihnen nicht immer klar sind. Ein Familienmitglied kann gleichzeitig Vater, Chef, Ehemann,

Kollege, Gesellschafter und Eigentümer sein. Die Familie ist naturgemäß personenorientiert. Vorherrschend ist eine interaktive Face-to-Face-Kommunikation. Ob die vorherrschende Kommunikation in Familienbetrieben auch immer richtig wahrgenommen wird, wage ich zu bezweifeln. Oft wirkt sich eine sehr emotional geführte Kommunikation negativ auf das Gesprächsklima aus. Familienmitglieder sind unkündbar und emotional gebunden. Häufig erfolgt die Entlohnung meist nur in Form von Tauschgeschäften. Honorar der Familie ist beispielsweise Zärtlichkeit und Geborgenheit. Von nicht-monetärer Entlohnung kann jedoch keiner der Familienmitglieder auf längere Sicht überleben. Wichtig scheint, sich vom Familienbetrieb zum Familienunternehmen, vom familiär-emotionellen Entlohnungssystem zu einem monetären Entlohnungsmodell zu entwickeln.

Führung durch Vorbild oder Vormachen kann als verbreitetes Führungsmodell beobachtet werden. Schnelle Reaktionszeiten, kurze Informations- und Entscheidungswege sowie eine geringe Anzahl von Schnittstellen kennzeichnen eine Führung in einem Familienbetrieb. Mitarbeiter haben einen starken Bezug zu den Familienmitgliedern und zum Unternehmen, deshalb ist auch der Führungsstil an diese Gegebenheiten anzupassen. Ein familiärpartnerschaftlicher Führungsstil ist hier weit verbreitet und kann durch passende Mimik, Wortwahl, Höflichkeit, Respekt, Bestimmtheit sowie Flexibilität zu einem hohen Motivationsgrad führen. Haben Familienbetriebe in Zukunft noch Chancen am relevanten Markt bestehen zu können? Müssen Familienunternehmungen Konzernen oder Systemgastronomiebetrieben weichen? Ist die Nachfolge in Familienunternehmungen gesichert? Reicht die Ertragslage aus, um allen Familienmitgliedern ausreichend Einkommen zu bieten, um überleben zu können? Kann ich als Übergeber den Nachfolgern wie z.B. Kindern, Enkeln oder anderen Interessenten in Hinblick auf die enorme Reglementierung und Überbürokratisierung seitens des Staates mit ruhigem Gewissen den Betrieb überhaupt noch übergeben?

Diese und noch viele andere Fragen sind unerschöpfliche Themen, die in diesem Buch aus Zeit- und Platzgründen nicht erschöpfend bearbeitet werden können. Ich bin mir sicher, dass Familienbetriebe viele Chancen in sich bergen. Aber je höher das Konfliktlösungspotenzial ist, desto eher werden Familienunternehmungen am Markt langfristig und wirtschaftlich gut bestehen können. Speziell bei der Übernahme des elterlichen Betriebes durch die Kinder existiert ein besonderes emotionelles Konfliktpotenzial.

Der Umgang mit Konflikten kann manches Mal als primitiv, unterentwickelt, fast sogar steinzeitlich definiert werden. Das Spektrum in der Konfliktforschung ist sehr vielfältig und reicht von Verniedlichen, Verdrängen, Wegschieben, Schuldige suchen, ausschließliches Personalisieren bis hin zur schnellen Entscheidungen ohne Analyse.

Familienbetriebe werden oft der Tradition wegen übernommen und weiter geführt, auch wenn es betriebswirtschaftlich nicht gerade sinnvoll erscheint. Von den Eltern und auch der Gesellschaft wird erwartet, dass Kinder, in früheren Zeiten waren es die Söhne, den elterlichen Betrieb übernehmen. Oft wollen die Kinder jedoch etwas anderes tun als die Eltern. Die Interessen und die Kompetenzen der Kinder sind anders gelagert als die der Eltern.

Der Vater beispielsweise hatte einen Beruf als Eisenbahnbeamter (ev. Lokomotivführer), so muss der Sohn auch diesen Beruf ausüben. Die Mutter beispielsweise Friseurin, die Tochter soll das doch auch tun. Wie krank ist das denn? Kinder sollten den Beruf ausüben, für den sie sich berufen fühlen. Ich selbst musste am eigenen Leib erfahren, was es heißt in die Fußstapfen der Eltern zu treten.

Was bedeutet „in die Fußstapfen zu treten"? Für mich bedeutet es, dass ich immer hinter dem nachstapfen muss, der vor mir geht. Ich kann niemals besser oder anders werden. Das ist blanker Horror. Vor langer Zeit, als ich noch Finanzbediensteter war, sah ich meine Zukunft als Finanzprüfer im Finanzamt. Für mich eine tolle, wünschenswerte und anstrebende Zukunft. Leider nur so lange, bis mir meine Mutter mir offenbarte: „Ich geh bald in Pension und du bist der einzige Sohn. Du hast mein Wirtshaus zu übernehmen". Oh Gott, ein Abgrund tat sich auf. Ich hatte für mich andere Pläne.

Für was habe ich die Matura (Abitur) gemacht, wozu habe ich den Buchhalterkurs und den Bilanzbuchhalterkurs absolviert? Warum, wozu, weshalb und viele andere Fragen quälten mich. Die fachliche Ausbildung hatte ich, nicht aber die Motivation. Nichtsdestotrotz habe ich gemeinsam mit meiner Frau, die den Beruf der Restaurantfachfrau erlernt hat, das Wirtshaus meiner Mutter übernommen. Wenn auch nicht ganz mit grenzenlosem Optimismus und Freude.

Es fehlt den Unternehmern heute häufig am Zahlenverständnis, aber auch am mangelnden Kapital. Oft haben gewachsene traditionelle Familienbetriebe noch Realsicherheiten in Form von Grundstücken (Baugründen) und deshalb werden von Banken trotz schlechter Bilanzen Kredite für Investitionen oder Sanierung zur Verfügung gestellt. Obwohl der Cashflow dieser Unternehmen schon längst nicht mehr ausreicht, um gut wirtschaften zu können.

In solchen Fällen ist es besser, schlechte Entscheidungen zu treffen als gar keine. Denn denken Sie daran: Schlechte Entscheidungen kann man immer noch korrigieren und anpassen. Die schlechteste aller Entscheidungen ist gar keine Entscheidung.

Mein Tipp: Egal, welche Entscheidung Sie treffen, binden Sie Ihre Familienmitglieder und Ihre Mitarbeiter mit ein. Aber lassen Sie sich nicht davon abbringen, die Entscheidung zu treffen, von der Sie selbst völlig überzeugt sind.

Ich glaube, dass Familienbetriebe in Zukunft Chancen haben, um am Markt langfristig bestehen zu können. Aber was viel wichtiger ist als einfach nur bestehen zu können, ist Erfolg zu haben. Was für jeden Einzelnen Erfolg bedeutet, muss jeder selber definieren. Monetäre Erfolge, nicht monetäre Erfolge? Das kann sich im Laufe der Zeit für den Unternehmer und die Familie ändern.

Unternehmen und Familie sind nicht zu trennen, es verschmelzen Handlungen und Ziele. Auch die Erfolgsziele verschieben sich im Laufe eines unternehmerischen Daseins. Meist sind bei Betriebsgründung nicht monetäre Ziele, wie zum Beispiel Steigerung des Bekanntheitsgrades, Erhöhung des Marktpotenzials und des Marktvolumens, vorhandene Ziele. Im Laufe der Zeit und des unternehmerischen Daseins können sich oder besser gesagt müssen sich die Ziele verstärkt in monetäre Ziele umschlagen.

Mehr als Lob, Bewunderung und eventuell auch noch Wertschätzung müssen im finanziellen Bereich spürbar sein. Nur so kann das Überleben, der Fortbestand, aber auch die Motivation von Familienbetrieben langfristig gesichert werden. Der Schulausflug von den Kindern oder eine neue Sportausrüstung kann nicht durch Lob und Anerkennung finanziert werden, sondern lediglich durch Geld!

Enorm wichtig für das Überleben von Familienbetrieben ist, sich auch Zeit für die Familie zu nehmen. Geld ist wichtig, Zeit ist jedoch genau so wichtig, wenn nicht noch wichtiger. Verlorene Umsätze kann ich durch zusätzliche Veranstaltungen wieder gut machen. Die verlorene Zeit mit der Familie ist für immer weg. Es gibt viele Familien, die ausschließlich zusammenarbeiten und sonst keine Gemeinsamkeiten haben. Persönliche Interessen wie gemeinsamen Urlaub, Kinobesuche, Essen und Familienfeiern, die nicht im eigenen Betrieb stattfinden, sind enorm wichtig für eine Beziehung. Eine Beziehung, die nur auf Arbeit aufgebaut ist, geht meist nach absehbarer Zeit in Brüche.

Wer hat das in seinem Umfeld nicht schon erlebt? In Familienbetrieben arbeiten meist Frau und Mann gemeinsam. Vielleicht sind noch die Eltern oder Kinder im selben Unternehmen tätig. Ein hohes Maß an Konfliktlösungspotenzial muss vorhanden sein. Es müssen Probleme respektvoll gelöst und ausgeräumt werden und dürfen keinesfalls über einen längeren Zeitraum ungelöst bleiben. Ganz problematisch wird es, wenn betriebliche Probleme in den privaten Bereich mitgenommen werden. Es ist zu bedenken, dass jeder ungelöste Konflikt sowie jedes ungelöste Problem zu Spannungen in der Beziehung führt. Mit dem Partner, mit dem ich tagsüber zusammenarbeite, vielleicht sogar auch noch streite, mit dem sollten Sie am Abend ins gemeinsame Bett steigen. Kein guter Nährboden für traute Zweisamkeit oder?

> Frau oder Mann, egal wer, braucht Zeit für sich, Zeit für den/die Partnerin, Zeit für die Kinder und Zeit für Freunde, aber auch Zeit zum Träumen, Zeit für die Liebe.

Wichtig ist, die verfügbare Zeit für sich und die Familie gut zu planen. Neben guter Planung zählt auch Spontanität. Nutze die Zeit, wenn du sie nutzen kannst. Keine Ausreden!

Jeder Gastgewerbebetrieb hat umsatzstarke Zeiten und umsatzschwache Zeiten. Jeder Unternehmer muss für sich selber entscheiden, wann Zeit für die Familie zur Verfügung steht. Und wenn die Zeit für private Ziele genommen wird, dann bitte zu hundert Prozent.

> Mein Tipp: Machen Sie sich selber Gedanken über Ihre eigene Zeit. Nehmen Sie sich Zeit für sich und die Familie. Zum Beispiel die Geburt, ein runder Geburtstag oder die Hochzeit des Kindes finden nur einmal im Leben statt!

Als ich den mütterlichen Betrieb übernommen habe, war ich bereits Vater von zwei Söhnen. Von Beginn an habe ich mir immer Zeit genommen, um gemeinsam mit der Familie etwas zu unternehmen. Es war sehr schwierig, weil die ältere Generation, Gäste und auch Familienmitglieder nur wenig Verständnis für die Freizeit hatten. Wer nicht viel und hart arbeitet, der war in der Gesellschaft nicht viel wert, so der einhellige Tenor. Der war faul und ein Taugenichts.

Ich habe einen Ruhetag eingeführt und die Betriebsferien von einigen Tagen im Jahr auf eine Woche, im darauffolgenden Jahr auf zwei Wochen und dann auf drei Wochen stetig erhöht. Der überzeugte Weg in kleinen zielorientierten Schritten hat so weit geführt, dass wir heute im Winter zwei Monate und im Herbst zwei Wochen Betriebsferien haben. Diese freie Zeit muss wohl geplant und vorbereitet sein, denn sonst können sich sehr schnell finanzielle Engpässe einstellen. Die Kosten, der Gewinn und Liquiditätsreserven müssen in 230 Öffnungstagen erwirtschaftet werden.

Bei meiner Betriebsübernahme war ich noch Aufsichtsrat in einer kleinen ländlichen Bank. Durch meine Funktion wollte ich die Interessen anderer Unternehmer mit kleinen und mittleren Betrieben vertreten. Es war sehr schwierig, die anderen Aufsichtsratsmitglieder und Vorstandsmitglieder sowie Bankdirektoren, alles seniorige Herren, davon zu überzeugen, dass auch Freizeit wichtig für Unternehmer ist, und nicht nur für Angestellte, Beamte oder Lehrer. Freie Zeit für sich selber ist die Grundlage für die Energie, die ich in das Unternehmen investieren muss. Ein Ruhetag in der Sommersaison war ein rotes Tuch in den Augen der Bankvorstände und Aufsichtsräte.

Als Anmerkung, die Sommersaison ist in Kärnten eine der stärksten Zeiten. Besonders der Tourismus boomt im Sommer in den Seengebieten, so auch bei uns in Finkenstein am wunderschönen türkisfarbenen Faaker See. Erst als ich mit Zahlen untermauert mein Konzept präsentierte (übrigens war die Meinung des Bankdirektors immer: „Papier ist geduldig und Konzepte sind nur Papier. Da kann ich alles reinschreiben was ich will – is eh nix wert"), wich dem Unverständnis ein ganz kleiner Hauch an Verständnis. Ich habe dann die Vorstände, Aufsichtsräte und auch die Bankdirektoren eingeladen, an unserem Ruhetag, der umsatzschwächste Tag in der Woche, und an den Tagen wo unser Unternehmen Betriebsferien hat, die umsatzschwächste Zeit, bei uns zu arbeiten. Jedoch müsste jeder Einzelne von ihnen einen finanziellen Beitrag dafür leisten, denn ich würde, hätte ich offen, einen Verlust erwirtschaften und müsste von meiner privaten Tasche in den Betrieb einzahlen, um diesen finanziellen Verlust wieder auszugleichen. Für Arbeit zu zahlen, kam natürlich für niemanden infrage. Da stelle ich wiederum meine Frage in den Raum: „Warum soll dann ich an Tagen, wo ich nichts verdiene, sondern dafür zahlen muss, arbeiten?" Eine andere, für die Bänker bessere Lösung wäre, bei der Hausbank für diese verlustreiche Zeit einen Kredit aufzunehmen, viel besser noch, den hochverzinsten Girorahmen zu überziehen, um reichlich Zinsen zu zahlen.

Zunehmend müssen Gastronomiebetriebe Konzernen und der Systemgastronomie weichen. Als Chance für Familienbetriebe sehe ich die Betriebsgröße. Ein Konzern oder die Systemgastronomie ist extrem groß und dadurch teilweise unflexibel mit langen Reaktionszeiten. Vorteil ist deren hohe Kapitalkraft. Diese fehlt Familienbetrieben in der Regel. Vorteil für Familienbetriebe ist die schnelle Reaktionszeit und der hohe Motivationsgrad. Ich bin überzeugt, dass die Größe des Betriebes in Zukunft eine noch wesentlichere Rolle spielen wird.

Als ich den Betrieb von meiner Mutter übernommen habe, hatten wir 150 Sitzplätze, innen und außen. Das war für den Start sicherlich wichtig, um Frequenz zu schaffen und den Bekanntheitsgrad zu maximieren. Die Gäste kamen unreserviert, da sowieso immer ausreichend Platz vorhanden war. Die Einsatzplanung der Mitarbeiter war extrem schwierig. Wer in der Gastronomie stand nicht schon unzählige Male vor der Entscheidung, wann setze ich wie viele Mitarbeiter wo ein?

Im Laufe der viele Jahre haben wir auf derzeit 70 Sitzplätze reduzieren können und mit der Terrasse bieten wir maximal Platz für 100 Gäste. Ideal für die Einsatzplanung meiner Mitarbeiter. Durch die Verringerung der Sitzplätze und die dadurch gesunkene Kapazität ist die Nachfrage gestiegen. Angebot und Nachfrage regeln bekanntlich den Markt. Die Reservierungsquote liegt bei uns bei etwa 95 Prozent. Klein aber fein ist die Devise. Der Unternehmer der es bewerkstelligt, die optimale Betriebsgröße zu schaffen, hat eine sehr erfolgversprechende Ausgangssituation.

Die Planung meiner Mitarbeiter ist für mich kein Problem mehr, sondern lediglich eine Routineaufgabe. Abgesehen von der Tatsache, dass gelegentlich Menschen krank werden und nicht arbeiten können, klappt die Einsatzplanung immer. Ich persönlich glaube, dass es nur ein „klein" oder „groß" geben wird. Entweder ein kleiner Familienbetrieb oder ein ganz großer Betrieb mit straffen Strukturen.

Mein Tipp: Nehmen Sie sich Zeit für Planung und setzen Sie sich permanent mit Erfolgszielen im eigenen Unternehmen auseinander. Nur wer sein Unternehmen in- und auswendig kennt, wird langfristig Erfolg haben.

Bei der Nachfolge von Familienbetrieben herrscht derzeit ein enormer Engpass. Einerseits fehlen passende qualifizierte Nachfolger, andererseits ist es schwer mit gutem Gewissen den Nachfolgern zur Übernahme zu raten. Es sind die gesetzlichen überbürokratisierten Rahmenbedingungen, die für Nachfolger einen Start in einem Familienbetrieb sehr schwer machen. Überdimensionale Bürokratisierung und Verwaltungswahn hemmen die geforderte Leistungsfähigkeit am Gast. Vielen fehlt es an der Kapitalkraft für die Erfüllung der Auflagen, die von den Behörden erteilt werden.

Ich wünschte, dass sich die behördlichen Rahmenbedingungen für die Übernahme und auch die Einstellung der Gesellschaft zur heimischen ländlichen Gastronomie ändern. Das gilt auch für die gesamte Wirtschaft, vor allem den Klein-Gewerbetrieben aller Branchen. Das könnte Samen in einem fruchtbaren Boden sein, der wieder keimen und wachsen könnte.

Rechtzeitig die Weichen für die Übernahme stellen und die Nachfolger in den alltäglichen Betriebsablauf einbinden, um eventuell eine Zeit gemeinsam den Betrieb führen zu können, könnte eine gute Basis für Nachfolger sein. Ich bemerke oft, dass die ältere Generation, zu der ich auch schon bald gehöre, das Zepter nicht aus der Hand geben will. Den Kindern ein Vorbild zu sein und nicht immer mit erhobenen Zeigefingern zu drohen, ist der bessere Weg. „Was nützt uns die beste Erziehung, die Kinder machen uns sowieso alles nach…"

Die Ertragslage ist in Familienbetrieben meist der ausschlaggebende Grund, dass das Unternehmen nicht mehr existieren kann. Leider fehlt es oft an der Kompetenz der Unternehmer. Bei meinen Kursen, Seminaren und Workshops, aber auch bei meiner Tätigkeit als Prüfer in gastgewerblichen Berufen stelle ich immer wieder fest, dass das betriebswirtschaftliche Wissen weit unter der geforderten Norm liegt.

Leider denken viele Köche und Restaurantfachleute, die jahrelang in der Gastronomie gearbeitet haben, es ist sehr leicht selbständig zu sein. Ohne den ehrenwerten Beruf Koch oder Restaurantfachkraft abwerten zu wollen (ich selber bin leidenschaftlicher Koch), gehört für die Selbständigkeit mehr dazu, als gut zu kochen und freundlich kompetent zu servieren. Die Multifunktionalität wir meist unterschätzt.

Basis und vom Gast als ganz normal genommen, ist eine gute Küche einhergehend mit perfektem Service. Die Dienstleistung wird immer wichtiger. Der Gast muss als Mensch wahrgenommen werden. Dazu kommen noch alle Managementaufgaben: Von der Unternehmenszielsetzung, Planung, Marketing, Einkauf, Lagerlogistik, Kalkulation, Preisgestaltung, Finanzierung, Controlling mit Cashflow-Rechnungen bis hin zur Einhaltung aller gesetzlichen Regelungen von HACCP-Hygienevorschriften über Lohn- und Sozialgesetze bis hin zur Haftung in allen Bereichen.

Der Bürokratiewahn zwingt alle Unternehmer, alles und immer zu dokumentieren. Die Abgaben an den Staat werden von Jungunternehmern häufig unterschätzt. So werden die Einkommensteuer und die Beiträge zur Sozialversicherung immer erst im Nachhinein berechnet. Das Wissen darüber, dass Steuern und Abgaben zu bezahlen sind, ist sicherlich vorhanden, jedoch werden meistens keine finanziellen Reserven gebildet. Das erwirtschaftete überschüssige freie Geld wird meist ausgegeben, bevor die Steuern und Abgaben fällig werden. Das Geld wird für notwendige Investitionen in das Unternehmen verwendet und im ganz schlimmsten Fall glauben viele Unternehmer Umsatz ist gleich der Gewinn.

Mein Appell an alle Jungunternehmer aber auch langdienende Unternehmer ist, dass der betriebswirtschaftliche Aspekt nie und nimmer außer Acht gelassen wird. Weiterbildung/Fortbildung ist unser ständiger Begleiter. Selbst ich als Unternehmensberater besuche regelmäßig Kurse, Seminare, Workshops und bin keinesfalls noch am Ende der Weisheit angelangt. Wer eine offene positive Einstellung zur persönlichen Weiterentwicklung hat, sich regelmäßig weiterbildet und permanent verbessert und vor allem aus seine begangenen Fehlern lernt, hat enorme Chancen am Markt erfolgreich und langfristig zu bestehen.

Mein Tipp: Lernen, lernen und nochmals lernen. Permanente Weiterbildung ist wichtig. Bitte niemals beratungs- oder bildungsresistent werden und sich persönlich immer weiterentwickeln. Niemals geistig stillstehen.

Lernen ist wie schwimmen gegen den Strom: Wenn du damit aufhörst, dann treibst du immer weiter ab! Denn, wie Henry Ford einst meinte: „Jeder, der aufhört zu lernen ist alt, mag er 20 oder 80 Jahre zählen. Jeder, der weiterlernt ist jung, mag er 20 oder 80 Jahre zählen."

Wandel der Dorfgesellschaft

Das Vereinswesen, entstanden in der zweiten Hälfte des 19. Jahrhunderts, hat wesentlich zur Entwicklung der Wirtshäuser beigetragen. Das örtliche Wirtshaus wurde als Stammlokal auserkoren und wurde zum zweiten Wohnzimmer für viele Menschen. Ich kann mich gut an meine Kindheit erinnern, wo wir in St. Stefan, das ist der Ortsteil von Finkenstein am Faaker See, das erste Telefon hatten. Ein schwarzes Telefon mit einer Drehscheibe und einem Klingeln, das enorm laut durch das ganze Haus schellte. Wie oft wurde ich als Bote zu vielen Einwohnern des Ortes geschickt, um auszurichten, dass in geraumer Zeit jemand für die betreffende Person anrufen wird.

Es wurde auch sehr viel von uns aus telefoniert: Verwandte, Bekannte, Freunde oder den Chef anrufen wurde bald zum trendigen Ereignis, immer verbunden mit einer Konsumation in unserer Gaststube. Der Kirchenwirt war auch die Ortsfeuerwehr, und deshalb wurde bei jedem Brand zu uns angerufen und ich musste zum Ortsfeuerwehrkommandanten laufen und den Brand melden. Dieser kam im schnellen Schritt mit seinen laut quietschenden Schuhen zum Wirtshaus und schaltete händisch die Sirene ein, die sich noch heute auf dem Dach vom Kirchenwirt befindet. Auch jeden Samstag um Punkt zwölf Uhr, wurde akribisch auf die Sekunde genau die traditionelle Sirenenprobe vom Ortsfeuerwehrkommandanten durchgeführt. Heut passiert das alles zentralgesteuert über Funk.

Auch den ersten Fernseher hatte der Kirchenwirt und so war die ORF-Komödie „Löwinger-Bühne" bald das gesellschaftliche Ereignis der Woche. Es war damals die Kultserie im Fernsehen und wurde von sehr vielen Ortsansässigen angesehen. Es konnte noch gemeinsam gelacht werden. Damals musste man keine – nicht wie heute in den Reality-TV-Serien – Lachsalven einspielen. Übertragungen von Fußballspielen zählten zu den Großereignissen. Viele Gäste kamen, um fernzusehen, und sorgten für den wirtschaftlichen Erfolg.

Es galt als kultig, sich über den Schiedsrichter auszulassen und besser als der Kommentator die Spieler von den Mannschaften zu kritisieren. Jeder Zuseher konnte besser Fußball spielen, als die Spieler und das Spiel korrekt pfeifen, das konnte natürlich auch jeder besser. Für Unterhaltung war immer gesorgt. Sogar die erste Tiefkühltruhe gab es nur beim Wirt und so konnten viele Hausfrauen ihre Lebensmitteln bei uns einfrieren. Heute schier undenkbar. Nach und nach bekamen alle Haushalte ihr eigenes Telefon, ihren eignen Fernseher und die Tiefkühltruhe. Die Mobilität stieg und darunter hat das Ortsleben immer häufiger gelitten.

Pensionisten-Stammtisch

Am späten Vormittag trafen sich viele Pensionisten im Wirtshaus, um über Familie, Schwiegerkinder, Politik, Gott und die Welt zu diskutieren. Karten spielen – das „Schnapsen" oder „Watten" – gehörten zur täglichen Vormittagsbeschäftigung. Politik wurde im Wirtshaus gemacht und der Pfarrer brauchte fast keine Beichten abzunehmen, da alles schon am Wirtshaustisch erzählt wurde. Um halb eins mussten die Pensionisten allerdings nach Hause, weil die Frau mit dem gekochten Essen wartete. Der Tag war dann schon fast gelaufen und der Wirt hatte bis zu Mittag einen Umsatz, der mehr als kostendeckend war, erwirtschaftet. Wenn sich ein Mann nicht an die vereinbarte Mittagszeit der Frau gehalten hat, kam es vor, dass entweder ein Telefonanruf den Vormittagsstammtisch beendete oder die Frau persönlich ins Wirtshaus kam, um den Mann zu holen. Das Letztere sorgte wieder für großen Gesprächsstoff für den darauffolgenden Tag. Ein lebendiges Wirtshauskabarett war immer für einen Lacher gut.

Wenn man mit einer Bierblockrechnung eine Überschlagsrechnung macht, dann ergibt sich folgendes Ergebnis: 10 Pensionisten konsumierten an ca. 300 Tagen im Jahr im Schnitt jeder vier Bier pro Vormittag. Das sind im Jahr rund 12.000 Krügerl (0,5 Liter) und das entspricht einem Hektoliter-Verbrauch durch die Pensionisten von rund 60 Hektolitern pro

Jahr, und das entspricht 120 Fässern Bier á 50 Liter. So viele Hektoliter pro Jahr werden in der kleineren Landgastronomie heute nicht einmal mehr im ganzen Jahr gebraucht. Ich verzichte auf eine Hochrechnung auf den Umsatz, weil sich die Preise in den vergangenen Jahrzehnten vervielfacht haben.

Feierabend-Bier

Leider ganz verloren gegangen ist der Brauch des sogenannten „Feierabend-Biers" beim Wirt des Vertrauens. Bis vor einigen Jahren war es gang und gäbe, nach der Arbeit ins Stammwirtshaus zu gehen und dort mit den Freunden und Kollegen ein Bier oder auch etwas Anderes zu trinken. Es wurde dabei über den vergangenen Arbeitstag, die lästigen Kunden, den stressigen Chef und die nörgelnden Kollegen diskutiert und geschimpft. Ein Kartenspiel oder ein kurzes Schachspiel reichten oft aus, um sich vom Arbeitsdruck zu trennen. Es war die Möglichkeit gegeben, sich einfach „abzureagieren" und den Stress vom Alltag hinter sich zu lassen.

Fazit des Feierabend-Bier war, dass die Menschen ohne aufgestauten Aggressionen und Frust nach Hause zur Familie gefahren sind. Die Wirtsleute fungierten als Psychologen oder Therapeuten und konnten den Menschen helfen, sich vom aufgestauten Alltagsfrust zu lösen. Motive, um ins Wirtshaus zu gehen, war das Bedürfnis nach Geselligkeit, Unterhaltung und Entspannung. Warum das Feierabend-Bier verschwand, hat mehrere Gründe. Einer davon ist, dass in kleineren Orten immer strikter Alkoholkontrollen von der Polizei durchgeführt wurden. Niemand wollte mehr riskieren, kurz vor dem eigenen Haus seinen Führerschein zu verlieren. Alkohol am Steuer ist kein Kavaliersdelikt und niemand sollte betrunken fahren. Aber Tatsache ist: Wirte spürten, dass immer weniger auswärts getrunken wurde. Das hat auch Auswirkungen auf die Gesellschaft. Hier will ich auf keinen Fall den Konsum von Alkohol verherrlichen, jedoch wie immer und überall gilt: „Die Dosis macht das Gift", und in Maßen nicht Massen genossen, kann Konsum von Wein oder Bier gut auf die Geselligkeit wirken.

Der Frust, der Druck, der Stress und die aufgestauten Aggressionen vom Alltag konnten nirgends entladen werden. Mann und Frau kommen von der Arbeit, treffen die Kinder, die ebenfalls den Druck der Schule mit nach Hause bringen, und so kommt es leider immer häufiger zu Stresssituationen und Eskalationen in der Familie. Wer diesem Stress nicht gewachsen ist, der hält eine Beziehung auf Dauer nicht mehr aus.

Das Konfliktpotenzial wird immer höher, die Aggressionen steigen und dadurch die Häufigkeit von Trennungen von Ehen. Denn keiner der Partner ist unbegrenzt belastbar. Ich sehe hier ein großes Problem in der sozialen Struktur der Bevölkerung. Das Leben miteinander bedarf viel Entgegenkommen, Toleranz, Wertschätzung und Achtung von anderen Menschen. Diese Eigenschaft ist heute leider nicht in diesem Maß vorhanden, wie es die Gesellschaft notwendig hätte.

Stirbt das Wirtshaus, dann stirbt die letzte Bastion der Geselligkeit und des menschlichen Zusammenlebens. Vielleicht ist es sogar gewollt, dass sich die Menschen nicht mehr zusammenrotten und über Probleme diskutieren und sich gegenseitig austauschen. Vielleicht ist es gewollt, dass die Menschen zu Hause vor den Bildschirmen oder an den PCs sitzen und sich von unterschiedlichsten digitalen Kanälen manipulieren lassen müssen? Cocooning in den eigenen vier Wänden, ein derzeitiger Trend, oder nur ein Zeitphänomen, oder von höherer Stelle gesteuert, ich kann das nicht beantworten, und will es auch nicht. Dass aber eine gewisse Art Steuerung der Gedanken, Manipulation und kanalisierte Berichterstattung stattfindet, das merkt sicherlich jeder Bürger.

Damenrunden

Die Herren hatten ihr Feierabend-Bier. Die Frauen ihre Damenrunden. Das Wirtshaus war nicht nur Ort für Männer, sondern speziell in den 1980er und

1990er Jahren auch der Ort, wo Frauen auf ein Getränk gehen konnten, ohne sich schämen, rechtfertigen oder verantworten zu müssen. Es waren sehr viele Gruppen und Runden in den Wirtshäusern – ob Turnfrauen, Handarbeitsgruppen, Yoga- oder Rückengymnastikrunden. Viele kleinere Gruppen hatten einen Tag in der Woche reserviert, um sich mit Gleichgesinnten zu treffen und dem Hobby nachzukommen. Danach wurde gemeinsam noch etwas getrunken, ein Glas Wein, Prosecco oder Saft. Wenn es heute noch solche Gruppen gibt, lösen sich diese nach dem Turnen und Singen rasch auf und machen sich gleich auf den Heimweg.

Gesangsvereine

Wie bei Vereinen und Gruppen ist auch bei vielen Gesangsvereinen die Problematik der Nachfolge gegeben. Immer weniger junge Menschen möchten sich in Gruppen oder Vereinen einbringen, weil die Zeit dafür zu schade ist und sich fast niemand mehr binden lassen möchte. Mit binden meine ich, die Zeit für den Verein dann zur Verfügung zu stellen, wenn es notwendig ist und nicht nur dann, wenn es jemandem Freude bereitet. Für die Mitwirkung im Verein ist es notwendig, freie Zeit zu „opfern" und das möchte fast niemand mehr. Da es in Gesangsvereinen zu einer Überalterung gekommen ist, haben sich einige einfach aufgelöst. So auch der Gesangsverein in unserem Ort und sogar den Kirchenchor gib es nicht mehr. Das Durchschnittsalter unseres Gesangsvereines belief sich vor der Auflösung auf 75 Jahre. Diese Gäste fehlen nicht nur im Ort, sondern auch in den Wirtshäusern. Die Jungen treffen sich lieber virtuell in Facebook- oder WhatsApp-Gruppen.

Sparvereine

Das Gesetz der Legitimierung hat den Sparvereinen gar nicht gut getan. Anfangs hoch in aller Munde diskutiert, gibt es jetzt einfachere gesetzliche Regelungen. Jeder Sparer hätte sich grundsätzlich bei der Bank legitimieren müssen, um dem Betrugs- und Geldwäschegesetz Genüge zu tun. Das Ziel war Terrorbekämpfung. Und das bei einem Sparverein, wo die Sparer enorm kleine Beträge einzahlen. Ich kenne keinen Terroristen oder Geldwäscher, der sein Geld über Sparvereine wäscht – oder Sie vielleicht?

Jedoch weil sich viele Sparvereinsmitglieder nicht legitimieren wollten, verloren die Sparvereine Mitglieder. In den vergangenen Jahren hat sich bei den Sparvereinen das Bild abgezeichnet, dass die Zinsen im Keller waren und für die Auszahlung sehr wenig Geld zur Verfügung stand. Nur der einstige Gedanke, die Mitglieder des Sparvereins in das Wirtshaus zu bekommen, um am Tag des Einwurfes auch Getränke zu verkaufen, hat funktioniert. Im

Laufe der Zeit wurden aber sogenannte Monats-sparer mehr, die nur einmal im Monat Geld in den Sparvereinskasten geworfen haben. Die Konsumation hielt sich in Grenzen. Für die Wirtsleute war der Sparverein uninteressant geworden. Einerseits ist dafür die karge Konsumation während des Jahres der Grund und andererseits die niedrige Ausschüttung am Ende des Sparverein-Jahres. Der Preis für das Essen bei der Auszahlung musste günstig angesetzt werden und dadurch konnten fast keine Deckungsbeiträge mehr für den Wirt erzielt werden.

Feuerwehr und Fußball

Feuerwehren ziehen sich immer mehr in ihre Rüst-häuser zurück, wo sie bereits ihr eigenes Schanksystem eingebaut haben, das bei Jahreshauptversammlung, Feiern oder Kommandantensitzung zum Einsatz kommt. Dem Wirt entgehen dadurch wichtige Einnahmen. In manchen Feuerwehrhäusern oder Vereinshäusern ist die Ausstattung moderner als in so manchem Wirtshaus. Seitens der örtlichen Brau-ereien wurden keine Kosten und Mühen gescheut, eine hochmoderne Theke mit Schanksystemen einzubauen.

Offensichtlich muss auch bei den Feuerwehren gespart werden. Die Situation hat sich geändert. War die Feuerwehr in längst vergangenen Tagen in den

Wirtshäusern präsent und hat sehr viel konsumiert, kommen jetzt meist nur mehr die Mitglieder ins Wirtshaus, um für die Rüstwagenweihe oder für ein Sommerfest zu sammeln. Die Wirte geben nun Geld für die Feuerwehren, damit diese Ihre Feste veranstalten können und sich ein neues Rüstfahrzeug leisten können.

Das gleiche Problem haben wir bei den Fußballvereinen. Auch hier vor längst vergangenen Tagen noch oft gesehene Gäste, wird meistens nur mehr in den Wirtshäusern gesammelt. Sponsoring, Gutscheine oder Unterstützung seitens der Wirtschaft sind notwendig, um den laufenden Spielbetrieb aufrechtzuerhalten. Wenn heute Feuerwehren oder Fußballvereine Sommerfeste veranstalten, so können diese Vereine nicht kostendeckend arbeiten – so sagen es zumindest die Vorstände der Vereine – und es bleibt immer weniger in der Kassa.

Wenn man aber bedenkt, dass diese Vereine keinerlei Personalkosten haben und selbst da nicht kostendeckend arbeiten können, und wenn man dann noch bedenkt, dass diese Vereine noch steuerbegünstigt sind und meistens keine Umsatzsteuer zahlen und trotzdem die gleichen Verkaufspreise verlangen wie Wirtshäuser, dann ist das mehr als bedenklich. Was sollen denn die Wirtsleute sagen, die die volle Steuerlast zu tragen und dazu noch enorm hohe Personalkosten zu decken haben?

Kirchtage

In Österreich haben Kirchtage, Kirchweihfeste, in Deutschland Kirmes oder ähnlich die Dults eine lange Tradition. Gefeiert wurde früher meistens das ganze Wochenende hindurch. Viele Kirchtagsteilnehmer kamen zu Fuß und blieben über Nacht. Geschlafen wurde entweder gar nicht, oder einfach auf oder unter dem Tanzboden. Raufereien zum Kirchtag waren Standard: Im ländlichen Raum kam es zu Rivalitäten zwischen Männern, die andere als Nebenbuhler sahen oder zu Rivalitäten mit Kirchtagsteilnehmern von anderen Orten. Es wurden Verhaltensregeln aufgestellt und wer sich nicht daran hielt, musste unmittelbar mit Konsequenzen rechnen. Verhaltensregeln nicht vom Gesetz verordnet, sondern selbst erstellte Regeln der Kirchtagsteilnehmer regelten die Ordnung beim Fest.

Es wurde alles vor Ort geregelt. Weder Polizei, damals noch bei uns in Österreich die Gendarmerie, noch ein Rechtsanwalt wurden zu Hilfe gezogen. Hart umschrieben galt das Faustrecht. Der verbal Stärkere hat meistens gewonnen. Nach dem Streit oder der Rauferei sorgte ein Versöhnungsbier wieder für Erheiterung. Eine Schramme wurde verklebt und das Leben ging ungetrübt weiter. Heute ist das anders. Ein falsches Wort zur falschen Zeit und schon wird bei Gericht geklagt. Viele fühlen sich schnell verbal angegriffen und schalten bei der kleinsten Kleinigkeit den Anwalt ein. Gott Lob den Rechtsschutzversicherungen. Sieger ist nicht mehr der Stärkere oder Bessere, sondern die Rechtsschutzversicherung und der Anwalt.

Eine Schwalbe macht noch keinen Sommer

Wenn nur ein Verein, eine Gruppe oder ein Sparverein sich auflöst, wird sich das auf die Wirtschaftlichkeit eines Wirtshauses nur marginal auswirken. Wenn sich jedoch fast alle Gruppen auflösen, dann kann sich diese Entwicklung sehr drastisch und negativ auf ein Wirtshaus auswirken. Umsatzeinbußen bewirken, dass Mitarbeiter entlassen werden müssen oder keine neuen Kräfte mehr eingestellt werden können, um das wirtschaftliche Überleben zu garantieren. Wenn ein Wirtshaus zwei Mitarbeiter entlassen muss, interessiert das niemanden. Jedoch sind das bei 100 Wirten immerhin auch 200 Menschen. Wenn große Konzerne 200 Menschen entlassen wollen, dann schreit die Politik und fördert, dass sich die Balken biegen, und zahlt die Lohnnebenkosten. Nicht bedacht wird, dass wenn viele Wirtshäuser Arbeitsplätze einsparen müssen, dass sich das fatal auf den Arbeitsmarkt auswirken kann. Neue sinnlose Auflagen und Vorschriften machen es den Unternehmern nicht leichter, am Markt zu bestehen. Es wird zu noch mehr Rückgängen in der Gastronomie kommen und es werden dadurch noch mehr Arbeitslose produziert. Ein kleines simples Rechenbeispiel aus der Praxis, das zeigen soll, wie sich der Verlust von nur einem einzigen Stammgast auf den Umsatz auswirken kann:

Wir hatten im Wirtshaus einen treuen Stammgast, der täglich zu uns kam. Sein Lieblingsgetränk: „Rotes Mezzo". Wer das nicht mehr kennt, das ist ein achtel Liter Rotwein und ein achtel Liter Limonade. Wir gehen von einem Verkaufspreis von nur 2 Euro aus (kostet heute sicher schon mehr). Nachdem der Stammgast ein bis zweimal am Tag kam und im Durchschnitt 12 Gläser Mezzo pro Tag trank, ergibt sich ein Umsatz von € 24 pro Tag. Bei angenommenen 260 Besuchstagen ergibt sich ein stattlicher Umsatz von € 6.240 pro Jahr. Rechnet man den Umsatz auf 10 Jahre hoch, dann entspricht das € 62.400. Wahnsinn oder? Das ist jedoch nur ein Gast.

Ein zweiter Gast konsumierte jeden Tag 4 Krügerl (0,5 Liter) Bier. Bei einem heutigen Preis von rund € 3,40 pro Krügerl entspricht dies einem Jahresumsatz von € 3.536 und in 10 Jahren € 35.360. Zwei Gäste kommen nicht mehr als Stammgast und der Umsatz rasselt nach unten. Wir hatten damals 10 Stammgäste, die täglich ins Wirtshaus kamen und gut konsumierten. Dann kann sich jeder selbst ausrechnen, wie viel weniger Umsatz erzielt wird, wenn die alle ausbleiben. Da sind noch kein Sportverein, keine Feuerwehr, keine Damenturnerrunde, kein

Gemeinderat, keine Trachtenkapelle, kein Sparverein oder Gesangsverein mit berücksichtigt, und das Feierabend Bier ist auch nicht mit dabei. Ein Gast ist vielleicht noch einigermaßen verschmerzbar, jedoch eine ganze Runde und dazu noch die ganzen Vereine, da bleibt nur noch sich zu überlegen, wie die Kosten gedeckt werden können. Entweder man jammert, oder man überlegt sich was man tun kann, um weiterhin am Markt zu bleiben.

Unser Weg war die Öffnungszeiten zu adaptieren, das heißt diese zu verringern, und unseren relevanten Markt zu erweitern. War das Einzugsgebiet früher die angrenzende Stadt Villach, unsere Gemeinde Finkenstein und die umliegenden Orte, ist es heute unser ganzes Bundesland Kärnten.

Mein Tipp: Wege und Mittel suchen, um erfolgreicher zu werden. Nur nicht jammern und den Kopf in den Sand stecken. Kopf hoch und Blick nach vorne! Wechsle vom Reagieren zum Agieren.

ABO-Essen

Im Wirtshaus zu Mittag zu essen, war für viele Menschen üblich und leistbar. Abo und Menüs wurden angeboten. Die Gäste nahmen sich etwas mehr Zeit für die Konsumation zu Mittag. Das Kochen zahlte sich noch aus. Es wurde einerseits für die Mittagsgäste, andererseits für die Familie gekocht. Und mit gekocht meine ich wirklich richtig gekocht. Ohne Pulver, Fertigwürze und Fertigprodukte. Ob die Kochkunst unserer Mütter und Omas heute noch Bestand hätte, wage ich zu bezweifeln – sie sparten nicht mit Fett oder Einbrenn. Aber sie verwendeten immer frische Zutaten. Nach der Entstehung großer Kaufhausketten wurde es für kleine Greißler (kleine Kaufläden, die alles angeboten haben) sehr schwierig, am Markt zu bestehen. Greißler hatten immer höhere Einkaufspreise als die Kaufhausketten. Es konnten die kleineren Kaufleute wirtschaftlich nicht mehr überleben. Heute sorgen die großen Einkaufsketten mit deren Restaurants dafür, dass zu Mittag immer weniger Menschen ins Wirtshaus essen gehen, sondern einfach in den Restaurants der Einkaufshäuser essen. Von der Qualität der Speisen braucht man nicht zu sprechen, es zählt hier offenbar nur der Preis und vielleicht noch, dass alles sehr schnell serviert wird. Ob dieses Essen gesünder ist, als das unserer Mütter und Omas, die fetter und kalorienreicher gekocht haben, das traue ich mich nicht zu behaupten. Die Philosophie dieser Kaufhaus-Restaurants ist ganz eine eigene. Deckungsbeiträge werden über den Verkauf derer Handelswaren erzielt und das Restaurant soll nur zur Kundenbindung dienen. Es soll keiner den Markt verlassen müssen und wo anders hingehen. Wenn nur der Preis und nicht die Qualität eine Rolle spielen, dann kann sich jeder seine eigene Milchmädchenrechnung machen, dass die Speisen meist tiefkühlfrisch sind. Vom Tiefkühler in den Konvektomat, dann ins Warmhalterechaud und dann auf den Teller. Die Allergene, die auf der Packung stehen und die Nährwertangaben werden gleich mitserviert.

Biotop Wirtshaus

Ins Wirtshaus essen zu gehen, soll als sozialer Akt gesehen werden. Teilen ist wichtig und mit teilen meine ich, emotionale Erlebnisse teilen. Jedes Wirtshaus ist ein Biotop. Ein ganz eigentümliches Konstrukt, welches Familie, Gäste, Nachbarn, Lieferanten, Interessenseigner und viele andere bewirtet. Emotionale Bedürfnisse zu befriedigen, ist genauso wichtig wie essen und trinken. Sehen und gesehen werden, ist ein sozialer Akt der Gesellschaft. Ein Wirtshaus wird erst dann zur Wohlfühloase, wenn die Wirtsleute und die Mitarbeiter ihr eigenes Flair versprühen. Wie oft wird bei der Entscheidung Essen zu gehen nicht nur alleine das Angebot als Entscheidungsgrundlage herangezogen, sondern sehr oft wird der Wirt des Vertrauens gewählt. Die Gäste kennt man beim Namen, kennt ihre Wünsche und Vorlieben und auch die Geschichte der Menschen. Das machte Gäste zu treuen Stammgästen. In einem Fast-Food-Restaurant wird nicht auf Sonderwünsche eingegangen, die Verweildauer ist sehr kurz, man wird als Gast nur als Gast und nicht als Mensch gesehen. Hinter jedem Wirt und hinter jedem Gast steht eine Geschichte. Wenn der Wirt die Geschichte der Menschen kennt, dann wir der Gast als Mensch mit seinen Eigenheiten und Fehlern so genommen, wie er ist. Das geht nicht beim Shoppen im Internet, bei Bankgeschäften, die auch im Internet erledigt werden und nicht beim Buchen von Reisen, natürlich auch via Internet. Jeder agiert in der Anonymität. Niemand nimmt wahr, dass du was machst. Du kaufst, buchst oder transferierst Geld, keiner nimmt dich wahr. Der Mensch ist dafür nicht geschaffen – zumindest nicht auf Dauer. Ich denke jeder Mensch, nicht nur Wirtsleute, könnten die Liste an Erinnerungen an die vergangen Wirtshauszeit mühelos beliebig lange verlängern. Vielleicht kommt es zu einer Renaissance des Wirtshauslebens? Ich hoffe, dass wieder viele Menschen umdenken und die Zeit die zur Erholung und Entspannung dient, wieder mit anderen Menschen gemeinsam nutzen. Ich hoffe, dass die Berieselung durch TV-Schrottserien wieder zurückgeht und das Wirtshaus, der Stammtisch wieder als lebendige Bühne fungieren werden.

Wer folgt nach?

„Wer nix wird, wird Wirt" – ein uraltes jedoch veraltetes Sprichwort. Dieser Spruch lässt sich ohne Weiteres auf: „Wer das nicht schafft, bleibt ewig Gast" erweitern, und die Krönung wäre noch: „Wer gar nix kann, der geht zur Bahn." Hier ist es keine Absicht den Beruf der Bundesbahnarbeiter diskriminieren zu wollen.

Jedem Unternehmer, und das sind die Wirtsleute ja, werden heute große Anforderungen gestellt. Viele Leute, die in das Gastgewerbe, Hotelgewerbe oder das Tourismusgewerbe einsteigen wollen, sind sich den hohen Anforderungen in keiner Weise bewusst. Speziell stehen Frauen in einem enorm großen Spannungsverhältnis zwischen Beruf mit Erfolgsdruck, Kinder mit deren Erziehung und der Schule, zwischen dem Ehepartner und seinen Bedürfnissen und sich selber. Denn jede Frau hat auch Anspruch auf Zeit für sich selber, die leider sehr oft zu kurz kommt. Das birgt Konfliktpotenzial in sich und wer da nicht konsequent und innerlich stark ist, der zerbricht am enormen Druck, der oft über sehr viele Jahre geht. Ausbruch aus dem festgefahrenen System ist sehr oft die Konsequenz. Wirt sein ist nicht leicht.

Zu dem Thema Frau in der Gastronomie wurde von mir in Kooperation mit der Kärntner Wirtshauskultur ein Wirte-Stammtisch veranstaltet. „Die

Frau im Spannungsverhältnis zwischen Beruf und Familie" war das Thema und als Referentin wurde Frau Dr. Bina eingeladen. Selbst lange Wirtin, hat sie ein Studium in Psychologie absolviert. Es konnte keine bessere Frau gefunden werden, die über die eine Seite als Wirtin und die andere Seite als Psychologin genau Bescheid wusste. Welche hohen Belastungen für Frauen entstehen, damit alle Bereiche im Leben unter einen Hut gebracht werden können.

Meistens wird die Leistung der Frauen einfach unterschätzt. Nicht weil die Arbeit in der Wirtschaft, Gesellschaft und Familie zu wenig Wertschätzung findet. Nein einfach, weil die Arbeiten gemacht werden. Die sind erledigt und es wird erst dann wertgeschätzt, wenn die Arbeit nicht mehr gemacht wird. Dann merken viele erst, dass da ja was war. Es war die Frau die das Meiste einfach erledigt hat, ohne dafür besondere Anerkennung gefordert zu haben. An dieser Stelle möchte ich persönlich allen Frauen in der Gastronomie, Hotellerie und im Tourismus, speziell denen die in Familienbetrieben arbeiten, meinen Dank und höchste Anerkennung aussprechen.

Ein enorm großes Problem stellen mittlerweile die Mitarbeiter in der Gastronomie dar. Viele junge Menschen meiden die Gastronomie und den Tourismus. Dann arbeiten, wenn die Freunde, Bekannten und die Familie freihaben, ist für jüngere Menschen oder für Familien einfach ein absolutes No-Go.

Zudem wird es jungen Menschen, die sich in der Gastronomie und Hotellerie selbständig machen wollen, nicht leicht gemacht sich am Markt zu positionieren. Schon vor der Eröffnung eines eigenen Wirtshauses gibt es jede Menge Auflagen und Verordnungen – leider nicht gratis. Welcher junge Unternehmer hat das Geld, um all das zu finanzieren?

Positive Perspektiven für junge Unternehmer, speziell in der kleinstrukturierten Gastronomie, sind leider nicht mehr viele vorhanden. Gut ausgebildete Absolventen von Tourismusschulen können den Rechenstift sehr genau ansetzen und sehen, dass es irrsinnig schwierig ist, ein kleines Wirtshaus – vor allem am Land – erfolgreich zu finanzieren. Die Banken sind alle zentral gesteuert. Es zählen nur die Vorschriften von BASEL I, II oder III. Die Unternehmer mit ihren Kompetenzen werden nicht mehr für die Entscheidungsgrundlage miteinbezogen. Es zählen nur mehr die Zahlen aus der Bilanz. In der Controlling-Abteilung der Bank werden die Bilanzwerte in ein Programm eingegeben und dann leuchtet entweder ein grünes oder rotes Feld auf. Grün, der Unternehmer ist kreditwürdig und Rot – aus das Spiel.

Leider scheitern heute viele junge Unternehmer an der Finanzierung, die notwendig wäre, um erfolgreiches Marketing zu machen, in die betriebliche Infrastruktur zu investieren oder das Unternehmen an die Markterfordernisse anzupassen und dynamischtrendig zu sein. Oft passiert es, wenn junge Unternehmer den elterlichen Betrieb übernehmen, dass seitens der Gewerbebehörden bis zum Ruin überprüft wird. Ein Beamtenkonvolut samt Sekretärinnen marschiert auf und nimmt den Betrieb in die Mangel.

Um eine Genehmigung für die Betriebsstätte zu bekommen, müssen behördlich verordnete Auflagen erfüllt werden und diese sind eigentlich immer mit hohen finanziellen Belastungen verbunden. Finanzielle Mittel werden im Unternehmen gebunden, ohne dass mit dem Geld Marketing gemacht werden kann, ohne dass Investitionen in die Qualität oder in die Modernisierung möglich sind.

Das Dilemma mit der Nahrung

Kennzeichnung der Inhaltsstoffe in der Nahrung, Ausweis der Allergene in Nahrungsmitteln oder Nährwertangaben für Speisen, die offen verkauft werden. Das ist der neueste Clou unserer treudoofen Staatsmänner. Gedacht um den Konsumenten eine lückenlose Auflistung über die Inhaltsstoffe in der Speise zu geben, wird es mehr und mehr zur Problematik und Überlebensfrage für Wirtsleute die individuell, saisonal und mit Liebe und Herz kochen. Wären die Wirtsleute oder Köche eventuell Apotheker, dann würde sich vieles von alleine erklären. Sind sie aber nicht.

Wir müssen hier klar zwischen der Alltagsernährung, die wir jeden Tag zu Hause zu uns nehmen und der Freizeiternährung, die voller Genuss ein paar Mal im Jahr im Wirtshaus zelebriert wird, unterscheiden. Das eigentliche Problem der Gesundheit liegt ganz klar in der Alltagsernährung. Wussten Sie, dass im alten China die Köche höher im Kurs und Ansehen standen als die Ärzte? Ärzte wurden erst dann gebraucht, wenn die Köche versagt haben. Ernährung war der Schlüssel zur Gesundheit. Der Koch wusste, was dem Körper gut tut, was ihn heilt, vor Infektionen schützt, aufbaut, stärkt und zu Kraft, Ausdauer und Resistenz verhilft. War der Koch gut, dann brauchte man keinen Arzt. Das sollte eigentlich zu denken geben, was man sich so alltäglich unter die Nase schiebt. Die Alltagsernährung hat schon längst nichts mehr mit kochen im herkömmlichen Sinn zu tun. Es ist eine Nahrungsmittelindustrie geworden. Fließbandherstellung mit dem Rezept aus dem Labor. Zutaten werden in großen Mengen erzeugt, und wachsen zum großen Teil gar nicht mehr aus der Erde. Hergestellt aus künstlichen Zutaten. Was auch immer die Werbung und das Etikett auf dem Produkt sagen, ich bin sehr skeptisch, dass das auch genau so der Wahrheit entspricht.

Wussten Sie, dass Erdbeeraroma aus Salzsäure und Sägespänen durch einen chemischen Prozess gewonnen wird? Wussten Sie, dass das Erdbeeraroma von Schweinen geliebt wird? Geben Sie einem Schwein irgendetwas zu fressen, egal was, und vermengen sie den Fraß mit Erdbeeraroma, das Schwein wird es hinunterschlingen, als ob es kein Morgen mehr gibt. Ideale Voraussetzungen für kurze Mastzeiten von Schweinen in Futtertürmen oder dem untersten Deck von Frachtschiffen.

Kennen Sie die Aminosäure L-Cystein? Ein ganz natürliches Triebmittel für die Backindustrie, welches in Ostblockländern und im asiatischen Bereich verwendet wird. Funktioniert tadellos und idiotensicher. Dass das L-Cystein aus Menschenhaaren gewonnen wird, klingt weniger appetitlich. Es gibt einige Konzerne mit Tochterfirmen in Europa, die sich auf Aromen spezialisiert haben. So die sächsische Filiale des US-Aromafabrikanten Bell Flavors & Fragrances. Die können unter anderem viele Aromen herstellen, zum Beispiel mit dem Geschmack nach Rinderbraten. Bei FIS, der Nestlé Tochter Food Ingredients Specialities, werden etwas Erdnussreste, Weizenkleber, Salzsäure und Natronlauge vermengt und es entsteht ein wunderbares Aroma nach Schweinefleisch oder Salami. Der Kreativität in der Aromaindustrie sind keine Grenzen mehr gesetzt.

Transglutaminase, ein natürlicher Eiweiskleber aus dem man die schönsten Rostbraten formen kann. Ohne zu merken, dass das eigentlich viele kleine Einzelteile sind. Vielleicht wäre hier ein neuer Trend zu setzen: Statt „Rostbraten vom Almrind" könnte neuerdings ein „restrukturierter Rostbraten" angeboten werden. Oder? Bei Formfleisch, wie etwa dem Pressschinken, wird dieser Fleischkleber schon sehr lange verwendet.

Das sind nur wenige Rezepte, die in der Alltagsernährung vielfache Verwendung finden. Wenn Sie noch mehr solcher appetitlicher Rezepte wollen, empfehle ich ihnen das Buch „Die Suppe lügt" von Hans-Ulrich Grimm (Grimm ist nicht der Märchenerzähler von Grimms Märchen). Einfach köstlich. Sie können sich die Geschichten im wahrsten Sinne des Wortes auf der Zunge zergehen zu lassen. Mahlzeit.

Monsanto, hinlänglich bekannt, ist zum Beispiel Produzent von Saatgut, Herbiziden und gentechnisch veränderten Feldfrüchten. Auch hier wird so produziert, dass ein Überwintern von eigenen reifen Samen für das nächste Jahr unmöglich ist. Ziel vom Konzern ist, eine Abhängigkeit von Lebensmittelproduzenten zu schaffen, die dem Genmanipulationswahn nicht entkommen können.

Von den Wirtsleuten wird nun gefordert, die Allergene und Inhaltsstoffe auszuweisen. Für mich stellt sich die Frage, ob ein künstliches Erdbeeraroma besser ist als zum Beispiel das Allergen Senf? Ich bin nun seit 1982 in der Gastronomie unterwegs und ich bin noch immer auf der Suche nach Menschen, die an Senfunverträglichkeit oder Senfallergie leiden. Vielleicht tue ich jetzt einigen Menschen, die ein Problem mit Senf haben, unrecht und bitte gleich schon mal um Verzeihung. Oder ist das auch nur ein Gesetzeswahn unserer unwissenden Politiker?

Eigentlich sollte es hier ein ganz klarer Marktvorteil für alle Wirte sein, die ehrlich, mit frischen regionalen und saisonalen Produkten kochen. Die auf Nachhaltigkeit Wert legen und den Produzenten aus der näheren Umgebung unterstützen und dadurch den ländlichen Raum durch ihren Einkauf stärken und somit auch Randregionen wirtschaftlich beleben. Ich glaube, viele Leser sehen das genauso wie ich. Was fehlt, ist das Verständnis derjenigen

Menschen, die unsere Gesetze machen. Verstehen die nicht was da passiert oder sind die von Lobbyisten manipuliert und fahren darauf ab, dass alle nur mehr Fertig- oder Halbfertigprodukte kaufen?

Mein Appell an dieser Stelle und auch mein Appell an die Wirtsleute in meinen Kursen und Seminaren ist, dass sich jeder für sich selber Gedanken darüber macht, wo die Stärken jedes Einzelnen liegen. Wo sind die Kernkompetenzen? Was möchten und schätzen die Gäste? Alles was selbst in Handarbeit produziert werden kann, soll auch selber produziert werden. Dadurch hebt sich der Wirt von seinen Marktbegleitern ab und schafft sich Vorteile gegenüber seinen Mitstreitern.

Die „Eierlegenendewollmilchsau" funktioniert schon lange nicht mehr. Für was steht mein Wirtshaus und was kann ich am Besten? Vielleicht finde ich sogar noch eine Marktnische, oder ist gerade eine frei geworden? Diese Fragen sollten beantwortet werden, an der Lösung gearbeitet werden.

In unserem Wirtshaus produzieren wir alles, was möglich ist, selber. Wie das Mohr im Hemd – sorry, das darf ich nicht mehr sagen, und deshalb heißt der selbergemachte Mohr im Hemd bei uns „M.i.H.". Das Angebot des Wirtshauses sollte mit anderen Wirtshäusern nicht oder nur schwer vergleichbar sein. Manufaktur statt Convenience. Für die selbstgemachten Produkte kann ich auch einen besseren Verkaufspreis erzielen und ich bin nicht substituierbar. Die Einzigartigkeit des Unternehmens ist von enormer Bedeutung.

Mein Tipp: Produzieren Sie alles, was möglich ist, selbst. Heben Sie sich mit ihrem Angebot vom Markt ab. Manufaktur/Handarbeit statt Fertigprodukte.

Wer nicht wirbt, der stirbt. Ein altes Marketingsprichwort. Marketing ist wichtig. Wer kein Marketing macht, um Geld zu sparen, könnte ja auch die Uhr anhalten, um Zeit zu sparen, so lautet ein altes Sprichwort.

Erfolgspotenzial: Marketing

Marketing kann als bewusste marktorientierte Führung des gesamten Unternehmens gesehen werden. In der engen Interpretation bedeutet Marketing laut Meffert die Planung, Koordination und Kontrolle aller auf die aktuellen und potenziellen Märkte ausgerichteten Unternehmensaktivitäten. Durch eine dauerhafte Befriedigung der Kundenbedürfnisse sollen die Unternehmensziele verwirklicht werden. Eine moderne Interpretation wäre, dass sich das Marketing auf jegliche Form eines Austausches zwischen zwei Kontrahenten bezieht, bei dem beide Parteien durch Austauschprozess ihre Bedürfnisse befriedigen möchten. Ziel sollte sein, immer besser zu werden. Jedoch immer besser zu sein, als die Mitbewerber. An dieser Stelle wird vielleicht erwartet, auf alle Marketinginstrumente genau einzugehen. Klassischer Marketing-Mix besteht aus Product, Price, Place und Promotion. Diese klassischen PPPP wurden um Personel, Process Management und Physical Facilities erweitert. Unten angeführt werden die klassischen PPPP und die erweiterten PPP des Marketings. Kurz angeführt und grob erklärt sind das:

1. Product (Produktgestaltung)

- Wie müssen die Produkte/die Leistungen des Unternehmens aussehen, um den

Bedürfnissen der Gäste gerecht zu werden?

- Der Produktpolitik werden Aspekte wie Qualität, Inhaltsstoffe, Name, Anrichteweise, Größe, Geschmack oder Service zugewiesen.

2. Price (Preisgestaltung)

- Wie muss der Preis des Produkts/der Leistung bestimmt sein, damit er von Gästen akzeptiert wird?
- Zur Preisgestaltung gehören u.a. die Bestimmung von Preisen, Rabatte bei Gruppenreisen.
- Psychologische Preisgrenzen beachten!
- Optimale Preisfindung

3. Place (Distribution)

- Wie kommt das Produkt möglichst einfach, schnell und kostengünstig zum Gast?
- Absatzkanäle, Absatzmittler, Standorte, Lagerhaltung und Transportmöglichkeiten spielen in der Distributionspolitik eine Rolle.
- In der Gastronomie ist durch den festen Standort die Distribution von marginaler Bedeutung, außer beim Catering oder der Zustellung von Speisen und Getränken.

4. Promotion (Kommunikation)

- Wie kann das Unternehmen die Gäste auf das Produkt aufmerksam machen bzw. vom Kauf überzeugen?
- Werbung, persönlicher Verkauf, Verkaufsförderung und Public Relations sind Schlagworte der Kommunikationspolitik.

5. Personel (Personalpolitik)

- Was sind die Kapazitäts- und Qualifizierungsbedürfnisse des Personals (Quantität, Qualität, Schulungsbedürfnisse, Incentiveprogramme usw.)?

6. Process Management

- Was sind die kundenorientierten Geschäftsprozesse und wie sind sie gestaltet (Wer macht was, wann, wie und womit)? Dienstleistungsqualität?

7. Physical Facilities (Ausstattungspolitik)

- Welche physikalische Ausstattung sollte vorhanden sein (z.B. Art des Gebäudes, Zimmer, Rezeption, Speiseräume, Parkplätze usw.)?

Ein koordinierter übergreifender Einsatz aller Marketinginstrumente im Marketing-Mix ist sinnvoll und notwendig. Allerdings ist immer auf die Kosten und den daraus resultierenden Nutzen zu achten.

Intuitiv betreiben Unternehmer permanentes Marketing. Jede Kommunikation, ob verbal, nonverbal, gestikulierend oder untätiges Verhalten sendet Informationen zu den Gästen. Viele Unternehmer wissen gar nicht, dass sie permanent Marketing für das eigene Wirtshaus betreiben. Das ganze Handeln des Unternehmers wirkt auf die Gäste. So gesehen kann ein Wirt nicht „nicht Marketing" machen. Wichtig ist, dass die Mitarbeiter auf die gleiche Art und Weise kommunizieren wie der Unternehmer – Corporate Communication. Zielgerichtetes und geplantes Marketing erfordert den geplanten Einsatz von Marketinginstrumenten, ein Marketing-Mix.

Man kann nicht, nicht Marketing machen: Was zählt ist der richtige Mix

Besonderes Zeichen der heutigen Gesellschaft ist der beschleunigte Wandel von technischen, ökonomischen, sozialen, politischen und ökologischen Umweltbedingungen. Als Konstanten unserer Zeit könnten Wandel und Risiko definiert werden. Entscheidungen müssen unter Zeitdruck gefällt werden und als externe Determinanten könnten Dynamik und Komplexität des Marktes genannt werden. Um dem entgegen zu steuern und unter Zeitdruck optimal zu entscheiden, sollte ein geplanter Einsatz von Instrumenten realisiert werden. Eine gezielte Planung der Marketingaktivitäten ist zweckmäßig und sinnvoll.

Unter Marketing-Mix könnte die Auswahl von Marketingaktivitäten für eine definierte Periode auf qualitativem und quantitativem Niveau verstanden werden. Elemente des Marketing-Mix sind Produkt-, Distributions-, Kontrahierungs- und Kommunikationspolitik. Um Erfolge zu erlangen, könnten Marktsegmentierung und das Besetzen von Marktnischen Erfolg versprechende Maßnahmen sein.

Marktnischen

Cavalloni stellt in seinen Ausführungen fest, dass Marktnischen durch Marktsegmentierung ermittelt werden. Dazu ist es wichtig zu unterscheiden, wie breit und wie tief ein Geschäftsfeld abgegrenzt werden muss. Was sind die zentralen Bereiche und welche Bereiche meines Marktes sind nur unwesentlich zu betrachten. Dazu gehört die Ermittlung des relevanten Marktes. Nur wenn ich meinen Markt und daraus folgend mein Einzugsgebiet und meine Gästeschicht kenne, kann ich mein Angebot adäquat auf die Wünsche und Anforderungen abstimmen. Was nützt es, wenn ich zum Beispiel Fisch in meinem Betrieb anbieten will und eigentlich gibt es schon einige Fischlokale im engeren Umfeld oder ich habe gar keinen Bezug zum Thema Fisch.

Unser Wirtshaus hat zum Beispiel von unseren Gästen die Kompetenz zugesprochen bekommen, die besten Steaks zu grillen. Jeder Versuch, Vegetarisches, Veganes oder Fisch anzubieten, scheitert kläglich. Diese Speisen sind ganz klare Randprodukte, die nur ein ganz minimaler Teil unserer Gäste nachfragt.

Die Gäste, die zu uns kommen, wollen Steaks und nichts anderes. Deshalb reservieren die Gäste und deshalb kommen sie in unser Wirtshaus. Das ist unsere klare Kernkompetenz. Das ist unsere Stärke und auch unsere Marktnische. Da müssen wir mit voller nachhaltiger Kraft an der Qualität festhalten.

Für die konkrete Marktnischenanalyse sind der mehrstufige Unternehmungsplanungsprozess und eine Differenzierung verschiedener Strategien je nach Marktnische unerlässlich. Diese Abbildung soll einen Überblick über die Vorgangsweise zusammenfassen.

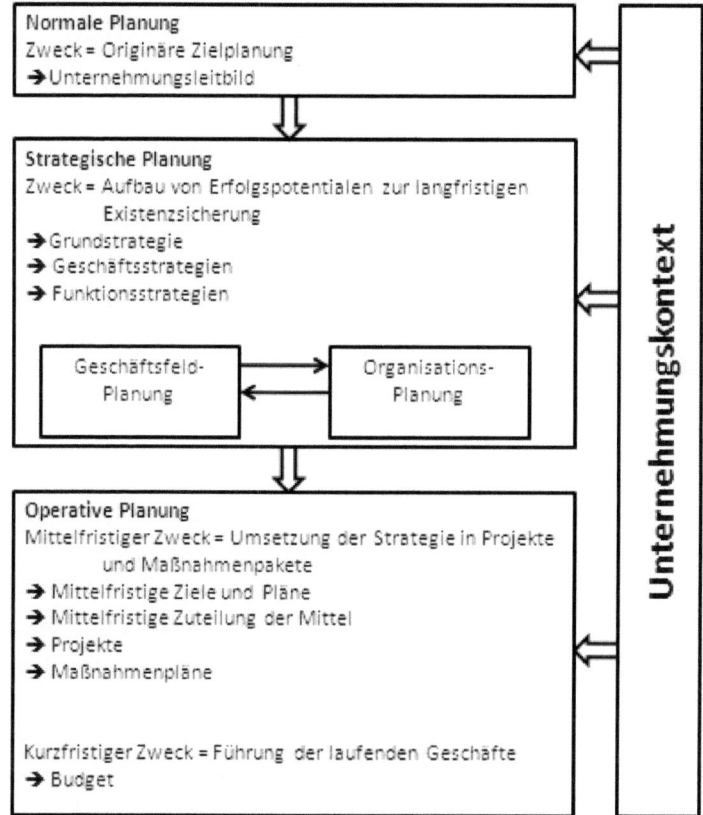

Quelle: CAVALLONI 1991: 11

Abbildung: Konzept der Unternehmensplanung

Diese Schrittfolge eines Entscheidungsprozesses schafft keine starre Vorprogrammierung künftigen Handelns, sondern innerhalb einer Bandbreite sollte ein größtmöglicher Freiraum künftiger Entscheidungen, wie Wahl der Vorgangsweise oder des Ressourcen-Einsatzes, offen gelassen werden.

Mundpropaganda ankurbeln

Der Einsatz von Marketinginstrumenten erfordert im Regelfall den Einsatz von finanziellen Mitteln. Diese Mittel sind in der Praxis leider nicht immer in dem Ausmaß vorhanden, wie sie benötigt werden. Anzeigen in Zeitungen, Zeitschriften sind sehr teuer und die Wirksamkeit ist selten messbar. Ein wirksames Marketinginstrument wäre die sogenannte „Mundpropaganda". Darunter verstehe ich die Weiterempfehlung des Wirtshauses von zufriedenen Gästen.

Der Unternehmer könnte durch Konsequenz, Beharrlichkeit und Beständigkeit, die Mitarbeiter durch Freundlichkeit und Aufmerksamkeit dazu beitragen, dass Gäste zufrieden sind. Wenn zufriedene Gäste das Wirtshaus wieder verlassen und Begeisterung mitnehmen, werden sie das Wirtshaus auch weiter empfehlen. Wichtig ist, die Erwartungshaltung der Gäste zu befriedigen, Besser noch, zu übertreffen.

Neue Medien wie Facebook können dafür gut genutzt werden. Das Motto von vielen Gästen lautet heute: „Posten, dann kosten!" Erst wird gepostet, dann wird gegessen. Wenn alles passt, dann wird kommentiert. Bewertungsportale finden immer größer werdende Beliebtheit. Viele Gäste verlassen sich eher auf Kritik (die kann positiv oder negativ sein), als auf diverse renommierte Restaurantkritiker.

Nicht Geld, sondern Naturalien oder Sachleistungen sind die wirksamste Art sich zu bedanken. Wichtig ist, das Vertrauen der Gäste zu gewinnen. Es lohnt sich immer, den treuen Stammgästen Dankeschön zu sagen, denn das ist ein wichtiger Schritt zum Aufbau einer Gästebeziehung. So könnte ein Stamperl Schnaps, ein kleines Dessert, ein Küchengruß oder ein neues Gericht, das gerade in der Küche kreiert wurde, eine kleine Überraschung für treue Stammgäste sein und somit die Gäste an das Wirtshaus binden. Kleine positive Überraschungen sind Basis für eine langfristig wirkende „Mundpropaganda". Viele Unternehmen bieten das beste Angebot neuen Kunden an. Neue Kunden sind eine unbekannte Größe und nicht abschätzbar. Treue Gäste sind die wertvollsten Gäste. Stammgäste sind einschätzbar und sollten deshalb zuvorkommend behandelt werden, damit sie auch treu bleiben.

Gerade in der Gastronomie ist die Aufenthaltsdauer der Gäste sehr lange. Eine Marktbeobachtung könnte von den Servicemitarbeitern oder von den Chefleuten sehr einfach durchgeführt werden. Small Talk über die Gewohnheiten der Gäste, deren Freunde und Verwandten könnte unkompliziert und auf freundschaftlicher Basis geführt werden. Es obliegt nun den Führungskräften von Wirtshäusern, diese Informationen zu sammeln, auszuwerten und als Erfolgspotenzial, wenn die Gäste wieder kommen, einzusetzen. Zusammenfassend wird beim Erfolgspotenzial Marketing darauf hingewiesen, dass aus der Fülle möglicher Marketinginstrumente, Marketing-Mix und das Agieren in Marktnischen, als die praktikabelsten angesehen werden und sicherlich wichtige Erfolgspotenziale für ein Unternehmen darstellen. Virales Marketing, also „Mundpropaganda", ist nachhaltig und wirksam, wenn es ehrlich und kontinuierlich betrieben wird. Es kostet lediglich etwas Zeit und ist kostengünstig.

Mein Tipp: Nutzen sie die Kommunikation mit den Gästen, um deren Vorlieben, Wünsche und Anregungen kennenzulernen. Nehmen sie Kritik ernst und lernen sie daraus. Kleinigkeiten führen zu großem Erfolg.

Gemeinsam ist besser als einsam

Es gibt sie noch – die Einzelkämpfer. Einerseits sicherlich gut, wenn jeder auf seinen Erfolg schaut. Langfristig jedoch ist eine Kooperation - mit wem und wie intensiv bleibt jedem selber überlassen - gut, wenn nicht überlebensnotwendig. Gemeinsame Stärken nutzen und gebündelt Kraft aufzuwenden, kann seine Vorteile haben. Ob beim Einkauf, Marketing/Werbung oder beim Controlling bis hin zum Mitarbeiter-Sharing sind viele Wege offen. Wichtig ist, dass die Chemie bei den Kooperationspartnern stimmt.

Erfolgspotenzial: Kooperationen

Oft werden Kooperationen in außergewöhnlich und hoffnungslos erscheinenden Situationen aufgebaut und stabilisiert. Freundschaftliches Verhalten ist dafür nicht immer notwendig. Sogar im Ersten Weltkrieg haben Feinde im Stellungskrieg kooperiert, zum Beispiel beim Waffenstillstand, um zu überleben. Viele biologische Systeme kooperieren, um bestehen zu können. Konkurrierende Unternehmen halten Preise hoch, um Kunden teuer kaufen zu lassen, um damit einem Preisdumping entgegenzuwirken.

Entstanden ist der betriebswirtschaftliche Managementansatz von Kooperationen in der zweiten Hälfte des 20. Jahrhunderts als Reaktion auf die extrem dynamisierende Wettbewerbsumwelt. Große diversifizierte Unternehmen standen der Herausforderung einer effizienten langfristigen Ressourcenallokation (PARETO Optimum)[2] zwischen extrem heterogenen Geschäftsfeldern gegenüber.

---

[2] PARETO Optimum (PARETO effiziente Allokation): Ein Zustand wird angestrebt, an dem alle Produktionsfaktoren so verteilt sind, dass keine Steigerung des Outputs mehr möglich ist und die Güter so verteilt sind, dass mindestens ein Individuum bessergestellt wird und zugleich kein anderes Individuum schlechter gestellt wird. Umgangssprachlich formuliert: Was irgendeinem nützt und niemandem schadet, gilt als eine Verbesserung für die Gesamtheit der Individuen. (vgl. SCHULKE 2003, 16)

Einige Triebkräfte für das Umdenken großer Unternehmen könnten sein:

- Globalisierung und Öffnung der Weltmärkte (auch Tourismus)
- Technologische Weiterentwicklung speziell in der Kommunikations- und Informationstechnologie
- Veränderung des Konsumverhaltens (keine Massenprodukte)

Eine wissenschaftliche Erklärung der Evolution von Kooperationen zu geben, versucht Robert Axelrod durch das Computer-Turnier-Spiel „Gefangenendilemma". Dieses Spiel soll zeigen, dass es langfristig immer besser ist, zu kooperieren als zu defektieren[3] . Es gibt zwei Spieler, die jeweils zwei Entscheidungsmöglichkeiten haben: kooperieren oder defektieren. Für jeden Spielzug erhält jeder Spieler eine gewisse Anzahl von Punkten. Punkteverteilung der Spieler:

Zug	Spieler B kooperiert		Spieler B defektiert	
Spieler A kooperiert	Spieler A	3 Punkte	Spieler A	0 Punkte
	Spieler B	3 Punkte	Spieler B	5 Punkte
Spieler B defektiert	Spieler A	5 Punkte	Spieler A	1 Punkt
	Spieler B	0 Punkte	Spieler B	1 Punkt

Quelle: Eigene Darstellung
Abbildung: Kooperations-Defektions-Matrix

---

[3] Defektieren: i. d. F. Gegenteil von kooperieren; also nicht zu kooperieren.

Kooperieren beide Spieler, erhält jeder Spieler jeweils 3 Punkte. Einer defektiert (er erhält 5 Punkte) während der andere kooperiert (er erhält 0 Punkte). Defektieren beide Spieler, erhalten beide jeweils 1 Punkt.

Grundsätzlich würde derjenige, der nicht kooperativ handelt, kurzfristig mehr Punkte erhalten. Bei längerer Spieldauer zeigt sich jedoch, dass für denjenigen der kooperiert bessere Chancen bestehen das Spiel zu gewinnen. Ein Spielzug hat sich in allen Spielen hervorragend bewährt und fast immer dazu beigetragen, das Spiel zu gewinnen: „TIT FOR TAT[4]". Im ersten Spielzug kooperiert ein Spieler und danach erfolgt jeder Spielzug so, wie der andere Spieler im vorigen Zug gespielt hat. Kooperationen können als evolvierende komplexe Organisationen verstanden werden. Komplex bedeutet, dass Kooperationen aus einer Vielzahl von unabhängigen miteinander über eine Vielzahl verschiedener Kanäle agierender Agenden bestehen.

Es gibt eine Vielzahl von Möglichkeiten, Kooperationsformen zu gestalten. Gemäß den Grundprinzipien gibt es synergetische oder additive Kooperationen.

---

[4] TIT FOR TAT: „Wie du mir so ich dir." Einer gibt und der andere erwartet, dass er vom anderen auch etwas bekommt. Dabei entsteht eine Ungewissheitsphase, die bei Kooperationen/Beziehungen ganz wichtig ist. (vgl. SCHUH 2005, 33)

Auf Ebenen können horizontale, vertikale oder laterale Kooperationen eingegangen werden. Nach der Art könnten Handels-, Hotel-, Dienstleistungs-, Finanz- und Landwirtschafts-Kooperationsformen unterschieden werden. Eine geografische Unterteilung in regionale, nationale, internationale und globale Kooperationen wäre ebenfalls denkbar. Selbstverständlich sind viele Mischformen möglich und am Markt auch zu finden.

Grundprinzipien von Kooperationen

Nach den Grundprinzipien können synergetische oder additive Kooperationen unterschieden werden.

Durch eine synergetische Kooperation wird Neues geschaffen, welches durch Einzelpersonen oder einzelne Unternehmen nicht möglich wäre. F & E-Kosten für Entwicklung von Spezialprodukten zu senken oder Märkte besser bedienen zu können, ist ein mögliches Ziel.

Bei additiver Kooperation werden Abläufe oder/ und Prozesse, wie gemeinsamer Einkauf oder gemeinsames Rechnungswesen, mit dem Ziel der Optimierung zusammengefasst.

Unter horizontaler Kooperation versteht man das Zusammenarbeiten von gleichartigen oder gleich gelagerten homogenen Unternehmen auf gleicher Produktions- oder/und Wertschöpfungsstufe (z.B. Hotels mit Hotels, Wirtshäuser mit Wirtshäusern). Tourismus und Gastronomie gehen Hand in Hand und können somit als horizontale Kooperations-Synergie betrachtet und dargestellt werden.

Vertikale Kooperation entsteht, wenn Unternehmungen mit vor- oder nachgelagerten Produktionsstufen und Wertschöpfungsstufen zusammenarbeiten (z.B. Wirtshaus mit Landwirt) und damit könnten weitere Synergieeffekte erzielt werden.

Die laterale Kooperation entsteht, wenn heterogene branchenfremde Unternehmen kooperieren (z.B. Gastwirt übernimmt ein Kaufhaus). Diese Form der Kooperation ist besonders attraktiv, weil sich dadurch neue relevante Marktchancen eröffnen und es möglich ist, auf mehreren Säulen aufzubauen.

Arten von Kooperation

Der Art nach Kooperationen einzugehen, sind schier keine Grenzen gesetzt. Ich möchte Ihnen gerne zwei Arten von Kooperationen vorstellen: Handels- und Hotelkooperationen.

Handelskooperationen können als Vorreiter in puncto Kooperation betrachtet werden. Seit Jahren kennt

man das „Greißlersterben", da immer größer werdende Handelsketten den Markt mit Billigprodukten
überschwemmt haben. Durch die Kooperationen im
Handel ist eine enorme Macht entstanden. Hersteller und Produzenten leiden unter den Vorgaben und
Preisforderungen der Handelsketten (z.B. Preisdumping, Regalwartung). Auch die Gastronomie wird
durch den Handel unter Druck gesetzt. Einkaufmärk-
te betreiben Restaurants mit Diskontpreispolitik.

Speziell im Mittagsgeschäft entsteht dadurch wach-
sende Konkurrenz gegenüber kleinen Wirtshäusern, deren Standort am Rande von Ballungszentren
ist. Durch die penetrante Preis-Leistungs-Philo-
sophie der Märkte im Restaurantbereich, haben
diese Wirtshäuser starke Rückgänge bei der Auslastung zu verzeichnen und durch die Kostenremanenz[5] sinkt auch der betriebswirtschaftliche Erfolg.

Mittlerweile sind nicht nur horizontale, sondern
auch vertikale oder laterale Kooperationen im
Handel evident: Handel kooperiert mit Landwir-

---

[5] Kostenremanenz: Kostenresistenz; Kostenverlauf im Fall rückläu-
figer Beschäftigung, bei der die Gesamtkosten vielfach nicht auf der
gleichen Kostenkurve Ka zurücklaufen, mit der sie vorher bei stei-
gender Beschäftigung zugenommen haben. Sie fallen entsprechend
einer darüber liegenden Kostenkurve Kr. Die höheren Kosten
werden als remanente Kosten bezeichnet. (vgl. URL: http://wirt-
schaftslexikon.gabler.de/-Definition/kostenremanenz.html, [Stand:
09.02.2011, 17:20].

ten, z. B. Billa kauft direkt beim Bauern (Bio-Ern-te-Austria) und wirbt mit dem Slogan „Das sagt mir mein Hausverstand". Handel kooperiert mit Reise-büros, z.B. Hofer/Aldi bietet Reisen an.

Bei Hotelkooperationen geht der internationale Trend zu immer größeren Hotels. Auch in Öster-reich ist dieser Trend nicht aufzuhalten. Es geht in Richtung „Größenoptimierung" im mittleren Be-reich. Betriebswirtschaftlich Sinn machen Hotels mit mindestens 120 bis 200 Betten. Mit der An-zahl der Betten steigt die Rentabilität, da die In-frastruktur nicht im gleichen Ausmaß mit wächst. Eine weitere Form der Unterteilung von Koope-rationen wäre die nach geographischen Kriterien.

Geographische Unterteilung von Kooperationen

Es können hier grundsätzlich vier geographische Gliederungen vorgenommen werden. Neben regio-naler, nationaler, internationaler ist auch eine globale Kooperation denkbar.

Regionale Kooperation ist die kleinste Form der geo-graphischen Gliederung. Wirte arbeiten mit Wirten auf horizontaler Kooperationsbasis zusammen. Da-durch kann der Absatzmarkt günstig und effizient über externe Marketingpartner (Printmedien, TV,

Radio) bearbeitet werden und regionale Marktvorteile wirken sich dadurch positiv auf alle Kooperationspartner aus. Unternehmen auf Basis vertikaler Kooperation arbeiten zusammen (z.B. Wirt kauft direkt beim Produzenten/Bauern) und dadurch können Preisvorteile am Beschaffungsmarkt generiert werden. Philosophien der Kärntner Wirtshauskultur (Regionalität, Authentizität, Ursprünglichkeit, gesunde Küche) können direkt und effizient umgesetzt und somit der Forderung nach Qualität gerecht werden.

Nationale Kooperationen sind weit verbreitet. Die Einkaufsgenossenschaft „hogast" ist bestrebt, Gastronomiebetrieben als nationaler Kooperationspartner, Einkaufvorteile sowohl inländischer als auch ausländischer Partner zu bieten.

Als internationale Kooperation im inneralpinen Raum kann die „Alpe-Adria-Kooperation" als Paradebeispiel genannt werden. Drei Länder, Slowenien (SLO), Kärnten (A) und Friaul (I) haben viele gemeinsame und grenzüberschreitende Projekte realisiert, die teilweise seitens der EU gefördert werden. Ob kulinarischer, kultureller, sportlicher oder wirtschaftlicher Art, den Möglichkeiten der Kooperation sind keine „Grenzen" gesetzt

Als größte globale Kooperation könnte die Gruppe „Greenpeace" genannt werden. Mitglieder aus vielen Staaten, Bevölkerungsschichten und sozialen Gruppen bilden eine starke der Umwelt dienender Kooperation. Ziel ist, Schutz der Natur und das kann nur funktionieren, wenn die Kooperation stark genug ist, um den mächtigen Produktionsfirmen (z.B. Öl) entgegen zu wirken.

Auch am Hotelsektor haben sich weltweit Kooperationen gebildet, um im weltweiten Konkurrenzdruck erfolgreich bestehen zu können. Bekannte globale Hotelkooperationen wären die Hotelketten Hilton oder Intercontinental.

In vielen anderen Bereichen der Wirtschaft sind Kooperationen in allen denkbaren Varianten möglich und auch schon realisiert worden. Auf diese einzugehen würde den Rahmen dieser Arbeit sprengen. Folgende, nicht taxativ aufgelistete Arten seien exemplarisch angeführt: Dienstleistungs-, Finanz-, Politische-, Landwirtschaftliche-, Einkaufs-, Vermarktungs-, Marketingkooperation.

Mehrwert durch Kooperation

Kooperationen sollten immer einen Mehrwert schaffen. Viele Mitbewerber (Marktbegleiter) versuchen ihr Bestes und versuchen hohe Qualität zu niedrigen Kosten (Preisen) zu verkaufen. Wenn die Fixkosten, wie es im Gastgewerbe auch der Fall ist, sehr hoch sind und dann auch noch versucht wird, Marktvorteile über niedrige Preise zu generieren, können, wo möglich diese Preise nicht einmal die Fixkosten decken. Dies bedeutet, dass Geld nicht einmal verdient ja sogar verloren wird. Geschäftsphilosophien, wo hohe Fixkosten durch Erlöse nicht gedeckt werden können, spiegeln sich als Bilanzverlust und in weiterer Folge als negativer Cashflow wieder. Um solchen Entwicklungen standhalten zu können, sind hohe Liquiditätsreserven notwendig. Leider gibt es sehr wenige Gastgewerbebetriebe, die sich langfristig über Dumpingpreise finanziell am Leben halten können.

Wie die Praxis zeigt, haben sich in der Vergangenheit laterale Kooperationen schon oft bewährt. Das System auf mehrere Geschäftsbeine zu stellen, hat sich in Krisenzeiten als stabil gezeigt. Eine Landwirtschaft kombiniert mit einem Wirtshaus und einer Pension oder sogar mit einem Kaufhaus federt Einbrüche in einem der Geschäftsbereiche gut ab. Es bleiben genug andere Standbeine, um überleben zu können. Die Zeit verlangte, dass die meisten kombinierten Betriebe die Geschäftszweige aufgeben mussten, die wenig oder nicht ertragreich geführt werden konnten. Ich meine, dass wir heute wieder einen Gegentrend spüren, wo sich wieder kombinierte Betriebe entwickeln. Vielleicht auf einer anderen Ebene. Ein Hotel könnte einen Souvenirshop betreiben oder es werden sehr oft selber Schnäpse oder Marmeladen produziert und im hauseigenen

Markt verkauft. So nach dem Motto: „Ist der Handel noch so klein, bringt er mehr als Arbeit ein." Der Phantasie sollten hier keine Grenzen gesetzt werden.

Ein Modell für eine Wirtshaus-Kooperation

Nach der „Top-down-Methode" können beginnend mit einer Vision Zweck, Tätigkeitsbereiche, Ziele und Prioritäten einer Wirtshaus-Kooperation festgelegt werden. Am Beginn eines Kooperationsnetzwerkes steht immer ein Unternehmen oder eine Einzelperson die eine Vision hat. Diese Vision sollte größer sein als die eines einzelnen Unternehmens.

Eine besonders straffe Form einer Kooperation könnte die Gründung einer „Wirtshaus-GmbH" sein, in der wirtschaftlich erfolgreiche Unternehmer ihre Betriebe einbringen. Dadurch würde die „Wirtshaus-GmbH" als Ganzes wirtschaftlich mächtig, finanzkräftig, erfolgreich und rentabel sein. Ein internationales konkurrenzfähiges Unternehmen mit heterogenen Betrieben würde entstehen. Die einzelnen Wirtshäuser und somit ihre Unternehmer verlieren zwar ihre rechtliche Selbständigkeit, jedoch wäre eine klare, streng hierarchisch gegliederte Kompetenzeinteilung ein klarer Erfolgsfaktor. Voraussetzung ist, dass Individuen miteinander umgehen können, deren humane Chemie passt und Betriebe positiv bilanzieren. Differenzen durch Größe des Unternehmens, Umsätze, Gewinne oder Technisierung der Betriebe könnten große Hemmnisse darstellen.

Eine „Wirtshaus-GmbH" steht Anteilseignern und Kapitalgebern mit weitaus größerer Macht gegenüber, als Einzelunternehmen dies jemals könnten. Investitionen sind sehr hoch und deshalb könnten Unternehmensförderungen in höherem Ausmaß generiert werden als bei kleinen Unternehmen.

Vorteile
Gemeinsamer Einkauf, zentrale Rezepterstellung, Kalkulation (in Form von Outsourcing), gemeinsames Controlling mit Planrechnung (Profit Center) klare, straffe und monetarisierte Zielsetzung, gemeinsames Finanzwesen und Bilanzierung. Die Wirte wären nicht mehr selbständig, sondern Geschäftsleiter im eigenen Betrieb und könnten adäquat entlohnt werden. Einzelunternehmen haben derzeit selten die Möglichkeit, einen kalkulatorischen Unternehmerlohn (in Form von Privatentnahmen) zu entnehmen. Wenn Unternehmerlohn entnommen wird, dann nicht in dem Ausmaß, wie es einem Wirt als Experten zustehen würde.

Warum eine Kooperation langfristig mit Erfolg bestehen kann, hat sehr viele Ursachen. Unternehmer könnten sich mehr auf deren Kernkompetenzen konzentrieren und die betriebswirtschaftliche Steuerung könnte zentral von Experten übernommen werden.

Adäquate Entlohnung, Freizeit oder Urlaub als Vorteile, stehen der Druck vom Geschäftsführer der GmbH oder der Controlling-Abteilung, permanent positive Ergebnisse vorzuweisen, als Nachteil gegenüber.

Prozentuale Beteiligung am Gewinn der Gesellschaft (abhängig vom Verkehrswert) könnte Motivation für Unternehmer sein, mehr an Engagement einzubringen. Thesaurierte Gewinne könnten für Modernisierung in den einzelnen Betrieben herangezogen werden. Eine GmbH könnte das Überleben im stark steigenden Verdrängungswettbewerb ermöglichen, da hohes Kostensenkungspotenzial in den Bereichen gemeinsamer Einkauf, Marketing, Human-Ressource-Management, betriebliches Rechnungswesen oder Controlling vorhanden wäre.

Der Bereich gemeinsamer Einkauf und Marketing könnte in Form eines Kooperationsnetzwerkes organisiert werden, wodurch den Leitern der Wirtshäuser gewisse Freiheiten eingeräumt werden (Soft-Facts). In den Bereichen Human-Ressource-Management, betriebliches Rechnungswesen und vor allem im Controlling müsste allerdings eine strenge, straffe Organisation eingerichtet werden (Hard-Facts), an die sich die Leiter zu halten hätten (nach dem Modell Franchising). Sanktionen bei Nicht-Erfüllung könnten zum Erfolg zwingen.

Zielformulierungen sollten immer im Vorfeld klar definiert werden. Die Wirtshauslandschaft ist geprägt durch Einzelkämpfer die Berührungsängste mit Kollegen haben. Ein elitärer Kreis von max. 10 Personen (Annahme des Autors) könnte geeignet sein, eine derart straffe Kooperation in Kärnten einzugehen und auch langfristig durchzustehen.

Grundsätzlich ist die Errichtung einer Kapitalgesellschaft ohne größeren Aufwand und Problemen möglich, sofern eine kleine Anzahl homogener Personen beteiligt ist. Probleme könnten sich ergeben, wenn eine heterogene Gruppe oder heterogene Betriebstypen eng zusammenarbeiten müssten. Die Gründung und der Bestand dieser „Wirtshaus-GmbH" sind mit sehr vielen Problemen behaftet. In diesem Fall stellen nicht nur gewerberechtliche, steuerliche oder wirtschaftliche, sondern mehr noch persönliche Komponenten der teilnehmenden Individuen ein großes Problempotenzial dar. Mögliche Probleme oder Störfälle sollten schon im Vorfeld durch eine Leitbildentwicklung erörtert werden.

Da das Problem des Wirtshaussterbens nicht nur in Österreich und in Deutschland, sondern auch in der Schweiz ein brisantes Thema ist, könnte die Vision einer Wirtshaus-GmbH ein möglicher Ansatz in allen drei Ländern sein. Die entsprechenden Rechtsform eines neu gegründeten Unternehmens ist entscheidend für die Zukunft. Es ist immens wichtig für dieses Unterfangen, die verschiedenen Voraussetzungen zur Gründung einer GmbH zu kennen, zumal sich diese Voraussetzungen im Gründungsverfahren in Deutschland, Österreich und Schweiz unterscheiden. Im Folgenden wird kurz auf die grundsätzlichen Unterschiede bei der Gründung einer Gesellschaft mit beschränkter Haftung in den drei Ländern überblicksmäßig eingegangen. Auf Höhe der Stammeinlage, rechtliche oder finanzielle Erfordernisse kann nicht eingegangen werden, denn es ändern sich die Zugangsbestimmungen sehr oft.

1 Die Gründung einer GmbH in Deutschland

Zunächst sei erwähnt, dass eine GmbH in Deutschland auch von einer einzigen Person gegründet werden kann. Diese Ein-Personen-GmbH ist nicht unüblich in Branchen, in denen die geschäftliche Tätigkeit ein gewisses Risiko beinhaltet. Durch die GmbH wird die Haftung des Gesellschafters beschränkt. Damit die GmbH jedoch wirksam gegründet werden kann, muss mindestens eine natürliche Person im juristischen Sinn vorhanden sein, die überdies uneingeschränkt geschäftsfähig sein muss.

Für die Gründung der GmbH muss diese natürliche und voll geschäftsfähige Person ein Mindeststammkapital nachweisen, welches als Gesellschaftskapital für den Start der unternehmerischen Tätigkeit zwingend erforderlich ist. (Auf die Angabe der Höhe des Stammkapitals wird hier verzichtet, da sich diese jederzeit ändern könnte.) Das gesellschaftliche Stammkapital kann neben der sogenannten Bareinlage auch in Form von Sacheinlagen nachgewiesen werden. Als Sacheinlagen können Maschinen, die im Besitz der natürlichen Person stehen, fungieren. Auch die etwaigen Geschäftsräumlichkeiten können als Sacheinlage anerkannt werden.

Als weitere Voraussetzung zur Gründung einer GmbH in Deutschland ist es erforderlich, dass eine Namensprüfung der Gesellschaft im Vorwege erfolgt, damit ausgeschlossen ist, dass sich noch kein anderes Unternehmen mit dem gleichen Namen in Deutschland registriert hat, da der Zusatz „GmbH" für die spätere geschäftliche Tätigkeit zwingend im Namen des Unternehmens angegeben werden muss.

Der Name der GmbH muss überdies das Unternehmen eindeutig auf dem Markt kennzeichnen und sich zur Unterscheidung von anderen Unternehmen eignen. Als letzte Voraussetzung ist zwingend vorgeschrieben, dass der Sitz der neu gegründeten GmbH im Bundesgebiet angesiedelt ist.

2 Die Gründung einer GmbH in Österreich

Die Gründung der Gesellschaft mit beschränkter Haftung in Österreich unterscheidet sich von der deutschen Variante dahingehend, als dass sie in drei Phasen durchgeführt wird und überdies ein etwas höheres Stammkapital als in Deutschland durch den Gesellschafter nachgewiesen werden muss. Als erste Phase gilt die Errichtungsphase, in der die GmbH durch den oder die Gesellschafter geplant wird, der Gründungsvertrag gilt als Abschluss dieses Schritts. Dieser Vertrag muss notariell beglaubigt werden.

Die zweite Phase nennt sich in Österreich die Gründungsphase, in der die österreichischen Behörden alle Voraussetzungen, wie den Nachweis des Stammkapitals sowie die rechtliche Zulässigkeit der GmbH, prüfen und anschließend die entsprechenden Genehmigungen erstellen.

Als letzter Schritt vor der unternehmerischen Tätigkeit ist noch die Entstehungsphase zu durchlaufen, in welcher der Gesellschafter einen Eintrag in das Branchenbuch/Firmenbuch sowie die Erklärung über die Neugründung an die entsprechende Behörde übermittelt. Anschließend erfolgt die Freigabe seitens der Behörden.

3 Die Gründung einer GmbH in der Schweiz

In der Schweiz ähnelt die Gründung einer GmbH dem Verfahren in Deutschland, wobei es durchaus Unterschiede in der Höhe des Stammkapitals sowie in der Wahl des Namens gibt. Anders als in Deutschland ist es in der Schweiz möglich, eine Gesellschaft mit beschränkter Haftung unter Verwendung eines Fantasienamens zu gründen, solange eine gewisse Höhe an Stammkapital in Schweizer Franken in bar hinterlegt wird.

Der Namenszusatz „GmbH" muss aber dennoch im Firmennamen angeführt werden, jedoch sind die Kriterien für die Überprüfung der marktspezifischen Namenseigenschaften in der Schweiz sehr viel oberflächlicher. Materieller oder immaterieller Besitz des Gesellschafters wird in der Schweiz als Stammkapital nicht anerkannt. Die Geschwindigkeit der Zulassung sowie die Höhe der veranschlagten Gebühren variiert von Kanton zu Kanton.

Als Alternative zu einer Gründung gibt es die Möglichkeit, bereits bestehende inaktive GmbHs zu kaufen, sogenannte Mantelgesellschaften. Der Vorteil darin besteht, dass die Gesellschaft sofort verfügbar ist, kein Gründungskapital verlangt und bereits über eine Historie verfügt.

Interne Gefahren und Störfaktoren

Eine interne Gefahrenquelle ist die Anfangseuphorie. Die Erwartung wird zu hoch gelegt und Erfolgserlebnisse und messbare Ergebnisse sind schwer zu erreichen oder bleiben aus.

Mangelndes Durchhaltevermögen ist ebenso eine Gefahr zum Scheitern. Schnelle Ergebnisse werden erwartet und beim ersten Misserfolg wird die Hoffnung gleich aufgegeben. Die ersten harten Anlaufjahre werden schwer durchgehalten.

Neid und Misstrauen stellen eine weitere Behinderung zu einer erfolgreichen Kooperation dar. Jeder der teilnehmenden Partner glaubt, der andere Partner könnte von der Kooperation mehr profitieren als er selbst und befürchtet Imageverlust zu erleiden.

Passivität der Kooperationsgruppenmitglieder ist nicht selten eine Gefahrenquelle zum Scheitern. Finanzielle Beiträge zur Gruppe werden geleistet und der Erfolg wird lediglich abgewartet. Dadurch entsteht der Trugschluss, durch Geld Aufgaben delegieren zu können. Familienmitglieder und Kooperationsgruppenmitglieder sind über deren Zugehörigkeit und aktiver Mitarbeit nicht informiert und Trittbrettfahrer hindern die Entwicklung von Kooperationen.

Durch Egoismus, sich selbst unbedingt und permanent in Szene setzen zu müssen, kann es passieren, dass immer wieder die gleichen Personen arbeiten. So entsteht der Eindruck, dass nur einige wenige zum Erfolg der Kooperation beitragen. Demotivation und innere Kündigung gegenüber der Kooperation und der Kooperationspartner ist die Folge.

Externe Störfaktoren oder Bedrohungen sind beispielsweise Druck von Behörden, Neider, Kontrollorgane ja sogar kritische Gäste könnten mögliche Störfaktoren für erfolgreiche Kooperationen sein.

Alternative Möglichkeiten zur Wirtshaus-GmbH

Oft ist eine Gründung einer Wirtshaus-GmbH schwierig, nicht finanzierbar oder es fehlt an den passenden Mitgliedsbetrieben und Gründungspersonen. Vielleicht könnte eine alternative Gestaltung trotz aller Schwierigkeiten, Marktvorteile und Überlebenschancen von Wirtshäusern bringen?

Eine Vereinsgründung, Gründung einer Wirtshausgesellschaft an der Unternehmer lediglich durch Stammkapital beteiligt sind, könnte die schwierige Situation erleichtern. Gründung einer Gesellschaft nach bürgerlichem Recht wäre eine weitere Möglichkeit. Sanierungsbedürftige Betriebe, die einer Zwangsliquidation zugeführt werden müssten, könnten in eine Sanierungsgesellschaft eingegliedert werden. Banken gründen eine Gesellschaft in der marode Betriebe aufgenommen werden, von Fachleuten zu erfolgreichen Betrieben saniert werden, um dann wieder veräußert werden zu können.

Sale and lease back

Eine weitere Form um Eigenkapital zu beschaffen, wäre „Sale and lease back". Betriebsinhaber verkaufen ihren Betrieb einer Gesellschaft (eventuell Wirtshaus GmbH) und leasen denselben Betrieb wieder zurück. Voraussetzung dafür wäre, dass die Gesellschaft über genug liquide Mittel verfügt, um die Betriebe, welche auch Gewinne abwerfen sollten, auch kaufen zu können. Für kleine Einzelunternehmer ist es sehr schwierig Eigenkapital, aufgrund von thesaurierten Gewinnen, zu bilden. Kleine Einzelbetriebe hätten durch das Sale and lease back Verfahren den Vorteil, zu Eigenkapital zu kommen.

Zusammenfassend sei nochmals auf die Grundprinzipien, die Ebenen und Arten und auch die geographische Unterteilung und den Mehrwert von Kooperation hingewiesen. Als praktikable Kooperationsmöglichkeit wird eine Wirtshaus-GmbH gesehen, die, wenn eine griffige Leitbildentwicklung und ein konstruktiver Umgang mit den internen Gefahren und Störfaktoren – wie beispielsweise Anfangseuphorie, Durchhaltevermögen, Neid und Misstrauen, Passivität der Kooperationsmitglieder, Egoismus aber auch externe Störfaktoren der Druck von Behörden – durchaus Erfolgschancen hätte. Marketing und Kooperation alleine jedoch reichen nicht aus, um ein Unternehmen langfristig, erfolgreich zu führen.

Eine wesentliche Rolle spielt auch die Finanzierung des Unternehmens, denn ohne Kapital ist ein Überleben am Markt nicht möglich. Unternehmern steht eine große Auswahl an Finanzierungsmöglichkeiten zur Verfügung. Viele dieser Möglichkeiten sind aber in der Praxis nicht realisierbar. Wie schon Benjamin Franklin treffend erkannte:

> *„Wenn du den Wert des Geldes kennenlernen willst, versuche dir welches zu leihen."*

Erfolgspotenzial: Finanzierung

Für Unternehmen stellt die Finanzierung, welcher Art auch immer, einen wesentlichen Faktor des betriebswirtschaftlichen Überlebens dar. Es gibt eine Vielzahl von Möglichkeiten und Grundlagen der Finanzierung. Das System der Finanzierung ist sowohl in Österreich als auch Deutschland gleich, nur die rechtlichen Rahmenbedingungen sind anders und müssen dementsprechend berücksichtigt werden.

Bei Unternehmen klaffen Auszahlungen, die durch Beschaffung von Produktionsfaktoren entstehen und Einnahmen, die durch den Absatz produzierter Güter und Leistung zu erwarten sind, zeitlich auseinander. Um termingerechte Zahlungen gewährleisten zu können, sind Unternehmer auf unterschiedliche Finanzierungsmöglichkeiten angewiesen. Güterströme werden in Finanzströmen widergespiegelt. Im Finanzmanagement werden diese Zahlungsströme koordiniert und überwacht. Planung, Steuerung und Kontrolle finanzieller Mittel sind Aufgaben der Unternehmensführung.

Finanzierung kann als Kapitalbeschaffung im weitesten Sinn verstanden werden. Durch Bereitstellung finanzieller Mittel jeder Art können betriebliche Prozesse wie Leistungserstellung, Leistungsverwertung oder außerordentliche finanztechnische Vorgänge finanziert werden. Die

Finanzierung ist nicht nur Geldbeschaffung, sondern auch Kapitalbeschaffung und kann in Form von Geld, Gütern, Wertpapieren als Eigenkapital oder Fremdkapital zur Verfügung gestellt werden.

Finanzierung bezieht sich auf alle Maßnahmen, um Geld, Sachgüter oder Rechte zu beschaffen. In der Passivseite der Bilanz wird Art und Umfang des beschafften Kapitals dargestellt. Finanzierung findet Verwendung für Gründung des Unternehmens, Kapitalerhöhung oder Kapitalherabsetzung, Umwandlung, Fusion oder Liquidation und kann mit unterschiedlicher Kapitalart, Kapitalherkunft und Kapitalfristigkeit erfolgen. Kapitalarten können in Eigenkapital oder Fremdkapital differenziert werden. Bei Finanzierung mittels Eigenkapital steht die Einlagen- und Beteiligungsfinanzierung der Selbstfinanzierung, das ist die Finanzierung aus thesaurierten Gewinnen, gegenüber.

Grundsätzlich sollte sich das Management an Unternehmenszielen orientieren. Mögliche Unternehmensziele wären Maximierung der Liquidität und Rentabilität sowie Unabhängigkeit und Sicherheit bei der Fremdkapitalaufnahme. Führungsinstrumente im Finanzierungsbereich sind Finanzplanung, Finanzdisposition oder finanzwirtschaftliche Analyse. Beim Finanzplan werden Ein- und Auszahlungen geplant und kontrolliert. Die Finanzdisposition dient der Überwachung liquider Mittel und wird meist als Cash-Management bezeichnet. Die finanzwirtschaftliche Analyse gibt Aufschluss über Entwicklung im Finanzierungsbereich des Unternehmens. In der Praxis können Gewinne meist nicht thesauriert werden, da diese schon oft während des Jahres im Zuge des operativen Geschäftsbetriebes verbraucht oder im Unternehmen im Anlagevermögen gebunden werden. Private Entnahmen, also der Unternehmerlohn, tragen dazu bei, das die freien liquiden Mitteln auch unter dem Geschäftsjahr verbraucht werden und deshalb nicht mehr thesauriert werden können. Zu einer Erhöhung des Kapitalkontos und somit zu einer Erhöhung des Eigenkapitals kann es nur kommen, wenn ausgewiesene und einbehaltene Gewinne nicht durch Privatentnahmen geschmälert werden. Thesaurierte Gewinne stehen dem Unternehmen erst nach Abzug der Steuern (z.B. Einkommensteuer) zur Verfügung. Der Finanzierung mittels Eigenkapital steht die Finanzierung mittels Fremdkapital gegenüber und kann in Fremdfinanzierung sowie Finanzierung aus Rückstellungen differenziert werden. Nach der Kapitalherkunft lassen sich die Außenfinanzierung und Innenfinanzierung gegenüberstellen.

Außenfinanzierung

Bei der Außenfinanzierung wird dem Unternehmen Kapital von außerhalb zugeführt. Grundsätzlich kann eine Differenzierung der Außenfinanzierung hinsichtlich der Kapitalherkunft vorgenommen werden. Eine Möglichkeit wäre die Differenzierung zwischen Eigenfinanzierung und Fremdfinanzierung.

Eigenfinanzierung

Bei der Aufnahme eines von außen zugeführten Eigenkapitals können KMUs in der Gründerphase eine Beteiligungsfinanzierung anstreben. Das kann ein Business Angel sein, die ihr privates Vermögen als Eigenkapital in das Unternehmen investieren. Diese Business Angel geben dem Unternehmen nicht nur Geld, sondern vermitteln Kontakte zu Geschäftspartnern, beraten die Gründer oder leisten operative Unterstützung im operativen Tagesgeschäft.

Bei der Eigenfinanzierung wird durch Eigentümer, Miteigentümer (Gesellschafter) oder Anteilseigner Eigenkapital zur Verfügung gestellt.

Bei Einzelunternehmen bereitet die Beschaffung von Eigenkapital die größten Schwierigkeiten, da primär lediglich das Vermögen des Unternehmers zur Verfügung steht, welches zugeführt, aber auch jederzeit wieder entnommen werden kann. Es handelt sich hierbei um eine Einlagen- oder Beteiligungsfinanzierung. Zugeführt werden kann Kapital entweder aus dem privaten oder dem betrieblichen Vermögen. Eigenfinanzierung liegt auch dann vor, wenn Eigenkapital aus dem betrieblichen Umsatzprozess gebildet wird, wie z.B. die Gewinnthesaurierung.

Als Einlagen- oder Beteiligungsfinanzierung wird die Außenfinanzierung der Unternehmung über Eigenkapital bezeichnet. Sie umfasst alle Formen der Zuführung von Eigenkapital durch bereits vorhandene oder hinzutretende Gesellschafter. Bei Einzelunternehmen ist das Privatvermögen des Unternehmers denkbar, welches zugeführt aber auch unbeschränkt wieder entnommen werden kann und auch darf. Um Eigenkapital zu verstärken, kommt beim Einzelunternehmen vor allem die Innenfinanzierung in Form von ganz oder teilweise thesaurierten Gewinnen in Betracht aber auch die Aufnahme eines stillen Gesellschafters wäre denkbar.

Privates Vermögen ist nicht immer in benötigter Höhe oder gar nicht vorhanden und deshalb sind Unternehmer auf Fremdfinanzierung angewiesen, um einen reibungslosen Ablauf des Leistungsprozesses zu gewährleisten.

Fremdfinanzierung

Fremdfinanzierung im Rahmen der Außenfinanzierung liegt vor, wenn Kapital dem Unternehmen von außen durch Gläubiger zugeführt wird. Gläubiger erwerben kein Eigentum, sondern lediglich einen schuldrechtlichen Anspruch am Betrieb. Bei der Fremdfinanzierung wird im Rahmen der Außenfinanzierung dem Unternehmen Fremdkapital durch Gläubiger zugeführt. Es wird aber dadurch kein Eigentum am Betrieb erworben, sondern es entsteht ein schuldrechtliches Verhältnis zwischen Schuldner und Gläubiger. Mit dem Recht des Schuldners auf Verzinsung des zur Verfügung gestellten Kapitals. Bei der Fremdfinanzierung werden in der Folge jene Möglichkeiten hervorgehoben, die mir bezüglich praktischer Aspekte am wichtigsten erscheinen. Deshalb werden Kredit-, Förderungs- und Leasingfinanzierung beschrieben.

Fremdfinanzierung - Kreditfinanzierung

Durch Kreditfinanzierung, welche nach der Verwendungsart in Investitions-, Konsum-, Zwischen-, Umsatz- oder Betriebsmittelkredit differenziert werden könnte, wird Fremdkapital von außen aufgenommen und dadurch entsteht ein Gläubigerrecht, welches im Gegensatz zur Einlagenfinanzierung Folgendes bedeutet:

- Kein Mitspracherecht der Geldgeber bei der Geschäftsführung
- Befristete Kapitalüberlassungsdauer
- Rückzahlungsanspruch des Kredites in

nomineller Höhe
- Keine Gewinn- und Verlustbeteiligung - jedoch Anspruch auf festen Zins
- Zins- und Tilgungszahlungen stellen eine Liquiditätsbelastung dar

Sozialdemokratischer-Wirtschafts-Verband Präsident Fritz Strobl ortet für KMUs und EPUs die größte wirtschaftliche Bedrohung darin, dass Banken trotz milliardenschwerer Bankenpakete keine Kredite vergeben, um damit für notwendige Liquidität der Realwirtschaft zu sorgen.

Für höhere Investitionen sind meist Kredite notwendig, die aber Betriebe nur erhalten, wenn die Bonität ausreichend ist. So sieht WIFO-Chef Karl Aiginger Finanzierungsprobleme auf KMUs zukommen, weil sich die Bonität der KMUs verschlechtert, nicht ausreichend Eigenkapital vorhanden ist und nur Kredite bekommt, wer eigentlich keinen braucht. Alles nachzulesen in UNTERNEHMEN ÖSTERREICH 2010.

KMUs werden einem Rating gemäß den Richtlinien von BASEL II und Basel III unterzogen. Regionale Geschäftsbanken haben derzeit keine Kompetenz, um über Kreditvergaben zu entscheiden, vielmehr werden Entscheidungen an Landesbanken oder übergeordnete Instanzen ausgelagert. Diese Instanzen entscheiden ausschließlich nach Zahlen und Fakten. Soft Facts, wie Kompetenz von Unternehmer, soziale und wirtschaftliche Stellung in der Region, Philosophie und Konzepte spielen eine marginale Rolle.

Fremdfinanzierung - Förderungsfinanzierung

Regelungen zur Förderung finden sich in Österreich im „Bundesgesetz über besonderer Förderungen von kleinen und mittleren Unternehmen (KMU-Förderungsgesetz), BGBl. 432/1996, idF BGBl. I Nr. 130/2002). Auch in Deutschland und der Schweiz sind Förderprogramme ins Leben gerufen worden. Hier ist es am besten, sich regelmäßig über Förderprogramme zu erkundigen und eine partnerschaftliche Hausbank sollte über Fördermöglichkeiten bei Investitionen Bescheid wissen. Geregelt werden Zielsetzung, Förderarten, Abwicklung, Richtlinien, Förderungsentscheidung, Förderungsmittel, Haftungen, Abgaben- und Gebührenbefreiungen und Übergangsbestimmungen.

Regelwerk und Höhe sowie Anspruch der Förderung ändern sich permanent und es wäre hier zwecklos, auf Fördermöglichkeiten einzugehen, weil eine sehr hohe Individualität gegen ist.

Förderstellen die Förderungen und Unterstützungen zur Verfügung stellen, können Bundesförderstellen, Landeseinrichtungen und sonstige Einrichtungen sein. Zielsetzung ist die Verbesserung der Innovationsfähigkeit und die betriebliche Unternehmensentwicklung von KMUs, um langfristig Einkommen und Arbeitsplätze zu sichern, wenn möglich zu erhöhen. Stärkung und Festigung des Wachstumspotenzials, Unterstützung der Modernisierung und Wettbewerbsfähigkeit sowie Qualitätssicherung und Qualitätsverbesserung von bestehenden und neugegründeten KMUs stellt das Programmziel dar. Damit fokussiert sich der Förderungsfond auf Wachstumsförderung und beschäftigungsschaffende Wirtschaftsentwicklung.

Gute Projekte, die auf erfolgversprechende wirtschaftspolitische Schwerpunkte abgestimmt werden, sind förderwürdig, wie Investitionen und Betriebsansiedlungen des Gewerbes, der Industrie und vor allem aber Tourismus/Gastgewerbe. Förderfähig sind KMUs und Kleinstunternehmer, die den Kriterien eines genauen Anforderungsprofils entsprechen. Grundsätzlich nur Projekte die mit Eigenkapital oder mit Fremdkapital finanziert werden, werden gefördert. Projekte, die mittels Leasing finanziert werden, kommen für ein Förderprogramm meistens nicht infrage.

Neben Förderungen sind begünstigte Finanzierungen möglich. Eine dieser Möglichkeiten wäre die Ausnutzung eines zinsfreien oder geförderten Kredites. Diese Kredite werden leider nicht sehr oft an Kleinunternehmen vergeben.

In der Praxis ist für KMUs dieser zinsfreie Kredit oft nur von marginaler Bedeutung. Die Konditionen sind günstig, jedoch wird seitens der einreichenden Hausbank oft ein Avalkredit zur Absicherung, der in der Praxis verzinst ist, verlangt. Rechnet man eventuell niedrige Kreditzinsen und den Avalzinssatz zusammen, ergibt sich ein Gesamtzinssatz den ich in der derzeitigen Zinssituation auch auf dem Kreditmarkt bekommen kann. Ein an die Sekundärmarktrendite oder an den EURIBOR gebundener Zinssatz ist derzeit am Kreditmarkt realisierbar und so ist ein Förderkredit nicht unbedingt günstiger als ein herkömmlicher Kredit. Ein einmaliger Zinssatz der bei der Vergebührung entsteht, würde den realen Zinssatz noch weiter erhöhen. Nicht zu vergessen sind die immer undurchschaubareren Gebühren und Kosten seitens der Banken.

Fremdfinanzierung - Leasing

Als Kreditsubstitut hat Leasing als spezielles Finanzierungsinstrument in den letzten Jahrzehnten als Alternative der Kapitalaufbringung an Bedeutung gewonnen. Unter Leasing wird die entgeltliche Nutzungsüberlassung eines Wirtschaftsgutes auf Zeit durch Finanzierungsinstitute verstanden. Grundsätzlich kann zwischen Operating-, Financial- oder Spezial-Leasing unterteilt werden. Spezielle Regelungen bei Vertragsgestaltung, Investitionsrisiko und Nutzungsdauer müssen beachtet werden. Als besondere Form der Leasingvariante dient das Sale and lease Back Verfahren in erster Linien der Liquiditätsbeschaffung für Unternehmen. Steuerlich muss bei der Vertragsgestaltung auf Leasingverträge ohne Optionsrecht, mit Kaufoption oder mit Mietverlängerungsoption geachtet werden.

Weitere Unterteilungen nach Art des Leasing-Gegenstandes könnten in Konsumgüterleasing, Investitionsgüter-Leasing oder Immobilien-Leasing vorgenommen werden. Nach der Stellung des Leasing-Gebers könnte zwischen direktem Leasing, bei dem der Hersteller eines Gutes der Leasing-Geber ist und indirektem Leasing, bei dem der Produzent eine Finanzierungsgesellschaft einschaltet, unterschieden werden.

In der Praxis gewinnt das Leasing an Bedeutung. Unternehmer erhalten seitens der Banken keine Kredite oder nicht die erforderliche Höhe. Die Leasingrate stellt für das Unternehmen monatlichen Aufwand dar, ist planbar und scheint in der Bilanz nicht als Fremdkapital auf. Nachteil könnte die etwas höhere Zinsbelastung sein.

Leasing: Mieten statt Kaufen

Bei diesem atypischen Mietvertrag wird ein Objekt, z.B. eine Anlage, eine Maschine, ein Auto von Leasinggeber beschafft und gegen ein vereinbartes Entgelt zur Nutzung überlassen.

Wussten Sie, dass …?

- Eigentum und Nutzung eines Objekts werden getrennt. Das geleaste Objekt bleibt für die gesamte Vertragsdauer im Eigentum der Leasinggesellschaft.
- Der Leasingnehmer darf das Objekt nutzen, trägt aber, im Unterschied zur Miete, alle Risiken, Wartungs- und Reparaturkosten, die mit der Nutzung des Objekts verbunden sind.
- Beim direkten Leasing wird ein Objekt direkt beim Hersteller geleast. Beim indirekten Leasing kauft eine Leasinggesellschaft (oft Tochterfirmen von Banken) das Objekt bei einem von ihr bestimmten Hersteller.
- Operating Leasing bedeutet, dass das Vertragsverhältnis jederzeit kündbar ist. Beim Finanzierungsleasing ist das Vertragsverhältnis langfristig und unkündbar mit einer Laufzeit von vier bis sechs Jahren. Am Ende der Laufzeit kann das Leasingobjekt zum Restwert gekauft werden oder der Leasingvertrag zu günstigen Konditionen verlängert werden.

- Je nach Investition ist zu prüfen, ob eine Finanzierung mittels Leasing oder z.B. ein Bankdarlehen günstiger sind.

Vorteile

- Beim Leasing werden weder Eigen- noch Fremdmittel benötig – dies schont die Liquidität.
- Die monatliche Belastung durch Leasingraten ist durch Vereinbarung entsprechender Konditionen steuerbar.
- Für Leasing werden weniger Sicherheit als für einen Bankkredit benötigt.
- Das Risiko von Fehlinvestitionen kann durch Vertragskündigung, Umstieg auf eine andere Technologie etc. gemindert werden.
- Leasing kann im Einzelfall steuerliche Vorteile bringen.

Nachteile

- Bei einer Laufzeitänderungen oder einer vorzeitigen Kündigung können hohe Kosten anfallen.
- Wird die Kaution durch den Leasinggeber nicht verzinst, steigen die Finanzierungskosten.
- Der Leasingnehmer trägt das volle

Risiko für den Leasinggegenstand (Untergang, Reparatur, Wartung etc.).

- Bei Bonitätsproblemen ist es schwierig, einen Leasingvertrag zu erhalten.
- Bei manchen Leasinggegenständen (z.B. Auto) müssen teure Vollkaskoversicherungen abgeschlossen werden.
- Wird in fremder Währung geleast, wird auch das Wechselkursrisiko schlagend.

(Quelle: WKO 2014)

Crowdfunding

Neuerdings treiben Crowdfunding-Modelle immer neuere Blüten. Eine gute Idee für Start-ups, denn finanzielle Mittel können bei guten Ideen und Konzepten generiert werden. Crowdfunding für Start-ups in Österreich, in Deutschland auch Crowdinvesting genannt, ist ein Finanzierungsmodell für Risikokapital. Eine Vielzahl von Privatpersonen kann online in junge Unternehmen investieren.

Warum Crowdfunding für Start-ups?

- **Gewinnen Sie Investoren aus der Crowd** Risikokapital aus vielen Quellen als Ergänzung zu Business Angels oder Venture Capital

- **Marketingeffekt**
  Ihre Investoren werden zu Multiplikatoren. Sie machen Ihr Start-up-Unternehmen bekannter, ohne dass zusätzlich Kosten entstehen.
- **Keine Mitsprache**
  Keinerlei Stimmrechte für Ihre Investoren
- **Feedback und Input aus der Crowd**
  Nutzen Sie die Intelligenz und das Netzwerk des Schwarms

Jedoch nicht nur für Start-ups, sondern auch für bereits bestehende Betriebe könnte das Crowdfunding interessant sein. Wenn die Idee, das Konzept professionell und für die Investoren interessant klingt, könnte einer Risikobeteiligung nichts im Wege stehen.

Traditionshotels haben schon versucht, durch Crowdfunding Geld zu lukrieren, um die Qualität zu verbessern. Als Rendite wurden freie Kapazitäten zu bestimmten Zeiten angeboten. Keine Zinsen in Form von Geld, sondern in Form von Genuss–Fruchtgenuss.

Wenn viele kleine Summen eine Große ergeben?

Schwarmfinanzierung ist ein Instrument der Frühfinanzierung. Die Idee wird auf einer Internetplattform vorgestellt – potenzielle Investoren können entscheiden, ob und in welcher Höhe sie sich beteiligen möchten. Es eignet sich besonders für innovative und außergewöhnliche Projekte.

Wussten Sie, dass …?

- die Chancen steigen, je plausibler das Projekt/Geschäftsmodell im Hinblick auf seine Markterfolgen dargestellt wird
- Crowdfunding-Plattformen verfügen über entsprechende Technologien, stellen Verträge bereit und stehend beratend zur Seite.
- Über Internetplattformen können Beträge zwischen € 50.000 und € 100.000 aufgebracht werden.
- Die Beträge können als privates Darlehen (lending based Crowdfunding) gegen Zinsen und Rückzahlung, als Beteiligungskapital (equity based Crowdfunding) oder als nicht rückzahlbare Spenden z.B. für soziale Projekte (donation based Crowdfunding) vergeben werden.
- Crowdfunding auf Darlehensbasis wird in Österreich von der Finanzmarktaufsicht dann akzeptiert, wenn die Darlehen als nachrangig vereinbart werden. Nachrangig bedeutet, dass ein Investor sein Geld nicht zurückverlangen kann, wenn das Unternehmen dadurch in wirtschaftliche Schwierigkeiten kommt.

- Bei einem Equity based Crowdfunding sind Crowdinvestoren mittels Genussschein oder als stiller Gesellschafter am Unternehmen beteiligt.
- Abgesehen von der Vergütung über Gewinnanteil oder Zinsen können Crowdinvestoren auch kleine Geschenke (Goodies) erhalten.
- Crowdfunding ist insbesondere für kreative Web- und Mobile-Start-ups interessant, wird aber auch im künstlerischen oder sozialen Bereich eingesetzt.

Vorteile

- Risikoverteilung auf eine Vielzahl von Kleininvestoren; nicht ein Investor riskiert € 100.000, sondern 200 Crowdinvestoren investieren durchschnittlich € 500 (max. € 5.000).
- Durch die Stückelung in Kleinbeträge ist der Rückzug einzelner Investoren wirtschaftliche unbedeutend.
- Die Crowd kann helfen, neue Projekte bekannt zu machen (Multiplikatorenfunktion) oder liefert als erste Anwender Feedback bei neuen Lösungen.

Nachteile

- Crowdfunding bedingt ein hohes Maß an Transparenz – neue Ideen können von anderen kopiert werden; ein Schutzrecht muss daher vor der Vorstellung auf Crowdfunding-Plattformen gesichert werden.
- Unsicherheit während des Crowdfunding-Prozesses, ob das Projekt eine ausreichende Unterstützung findet.
- Crowfundingplattformen stellen für die Inanspruchnahme ihrer Dienste eine Gebühr von 5 % - 10 % der vermittelten Finanzsumme in Rechnung.

(Quelle: WKO 2014)

Neben der Finanzierung von außen und Finanzierungssurrogaten stehen dem Unternehmen noch weitere Möglichkeiten wie z.B. die Innenfinanzierung zur Verfügung.

Innenfinanzierung

Im Unterschied zur Außenfinanzierung werden keine Vereinbarungen über die Bereitstellung finanzieller Mittel von außen getroffen. Vielmehr werden im Unternehmen gebundene Mittel freigegeben oder es wird der Abfluss von Mitteln an Eigenkapitalgeber oder Fiskus verhindert.

Bei der Innenfinanzierung erfolgt keine Zuführung finanzieller Mittel von außen und es wird gebundenes Kapital in frei verfügbare Zahlungsmittel, also liquide Mittel umgewandelt. Innenfinanzierung erfolgt durch betriebliche Desinvestition. Innenfinanzierung ist nur relevant durch die Erfüllung von Bedingungen:

- Dem Unternehmen fließen liquide Mittel aus dem innerbetrieblichen Umsatzprozess oder außergewöhnlichen Umsätzen in einer Periode zu.

- Dem Zufluss an liquiden Mitteln stehen keine auszahlungswirksamen Aufwendungen in der Periode in gleicher Höhe gegenüber.

- Es muss ein Umsatzüberschuss erwirtschaftet werden, der dem Unternehmen in einer Periode zur Verfügung steht. Die Ermittlung des Umsatzüberschusses kann am Ende einer Periode direkt oder indirekt durch den finanzwirtschaftlichen Cashflow erfolgen.

Mögliche Formen der Innenfinanzierung könnten die Selbstfinanzierung oder die Finanzierung aus Abschreibung, Rückstellung oder Kapitalfreisetzung sein.

Selbstfinanzierung - Generell

Selbstfinanzierung herrscht vor, wenn der Gewinn in liquider Form vorhanden ist. Nach Art des Ausweises thesaurierter Gewinne in der Bilanz kann zwischen offener und stiller Selbstfinanzierung unterschieden werden.

Offene Selbstfinanzierung

Offene Selbstfinanzierung ist in der Bilanz ersichtlich, wirkt sich auf das bilanzielle Eigenkapital aus und unterliegt der Einkommensteuer bzw. Körperschaftssteuer. Deshalb steht für Finanzierungen nur der Betrag nach Steuern zur Verfügung. Die offene Selbstfinanzierung ist eine wichtige Form der Innenfinanzierung bei der finanzielle Mittel durch Umsatzprozesse beschafft und realisierte Gewinne zurückbehalten werden. Die Höhe wird bestimmt durch die positive Differenz zwischen Gewinn nach Steuern und der Ausschüttung. Periodengewinn ist der Gewinn am Ende einer Periode, der dem Unternehmen entzogen werden kann, ohne seine wirtschaftliche

Leistungsfähigkeit zu beeinträchtigen (ökonomischer Gewinn). Dieser ökonomische Gewinn bestimmt den maximal zu entnehmenden Betrag der noch verbleibt, wenn in der Periode alle Investitions- und Finanzierungsvorhaben durchgeführt wurden. Auch der Ertragswert des Betriebes muss durch dauerhafte Ergiebigkeit ständig gesichert werden.

Selbstfinanzierung durch Gewinn

Geld, das vom Unternehmen selbst kommt, kann entweder durch Ansparung oder Thesaurierung von Gewinnen bzw. Cashflow für die Finanzierung aus eigener Kraft verwendet werden. Die klassische Selbstfinanzierung erspart lästige Bonitätsprüfungen und liquiditätsbelastende verzinste Rückzahlungen. Außerdem erhöht nicht entnommener Gewinn das Eigenkapital und verbessert somit das Rating bei Banken. Dies wirkt sich positiv bei Kreditanträgen aus. Es ist jedoch schwierig, denn besonders bei schwankenden Jahresumsätzen und daraus folgenden Gewinnen kann es zu Nachforderungen von Finanzamt und Sozialversicherung kommen. Da die Steuererklärung erst in den Folgejahren erfolgt, kann das 2 bis 3 Jahre dauern. Kann der laufende Betrieb nicht oder nicht mehr über Eigenmittel finanziert werden, ist eine Überarbeitung des Finanzplanes dringend anzuraten.

Mein Tipp: Sorgen Sie bei Ihrer Liquiditätsplanung entsprechend vor. Bilden Sie unbedingt Liquiditätsreserven! Step by Step – kleine Beträge über einen längeren Zeitpunkt ansparen. Dieses Geld MUSS eine gewisse Zeit unantastbar sein.

Wussten Sie, dass ...?

* Um über finanzielle Mittel verfügen zu können, müssen zunächst ausreichende Gewinne erwirtschaftet werden. Für Finanzierungszwecke stehen der frei verfügbare Cashflow (jener Teil, der nicht für Kreditrückzahlungen, private Lebensführung, Investitionen etc. benötigt wird) bzw. versteuerte Rücklagen (angesparte Gewinne aus Vorperioden) zur Verfügung.

* Rund 40 % der Investitionen finanzieren Unternehmen aus dem erwirtschafteten Cashflow. Der Cashflow ist der Nettozufluss liquider Mittel während einer Periode. Einfacher gesagt: Einzahlungen minus Auszahlungen.

* Einfache Maßnahmen zur Erhöhung der Einzahlungen sind zeitnahe Rechnungslegung und ein straffes Controlling; zur Reduzierung der Auszahlungen würden Stun-

dungen oder Ratenzahlungen (z.B. Finanzamt) eine kurzfristige Maßnahme, langfristig die konsequente Überprüfung aller Ausgaben, darstellen.

(Quelle: WKÖ 2014)

FFF-Finanzierung

FFF-Finanzierung bedeutet, dass das Geld von Familie, Freunden und/oder Bekannten kommen kann.

• Family, Friends and Fans – Geld von Personen, die Sie kennen und, die Ihnen und Ihrer Idee vertrauen. Die rechtlichen Gestaltungsvarianten dieser Finanzierungsform reichen von der Bürgschaft über den einfachen Kredit (Darlehen) bis hin zu Unternehmensbeteiligungen als typischer oder atypischer stiller Gesellschafter.

(Quelle: WKÖ 2014)

Wussten Sie, dass …?

• Personen, die einem nahe stehen, um Geld zu bitten, das ist nicht immer einfach. Entscheidend für die Bereitschaft, finanzielle Mittel bereitzustellen, ist meist der Grund, warum diese Mittel benötigt werden. Bei wirtschaftlichen Schwierigkeiten und damit verbunden Liquiditätsengpässen empfiehlt es sich, nur wirklich nahestehende Personen (Eltern, Geschwister) um eine finanzielle Unterstützung zu bitten. Ein hohes Maß an Vertrauen aller Beteiligten ist da von ganz großer Bedeutung.

Stille Selbstfinanzierung

Stille Selbstfinanzierung ist aus der Bilanz nicht ersichtlich und führt lediglich zur Erhöhung des ökonomischen Eigenkapital. Im Unternehmen werden Gewinne meist während des Geschäftsjahres für Investitionen verwendet. Noch bevor die Gewinnfeststellung (Bilanzierung) erfolgt. Somit können Gewinne nicht thesauriert werden und stehen dem Unternehmen nicht mehr zur Verfügung. Selbstfinanzierung kann aber auch betrieben werden, indem stille Rücklagen gebildet, dadurch die erzielten Gewinne oder die eingetretene Wertsteigerung in der Bilanz nicht sichtbar werden, oder wenn stille Rücklagen in Passivposten versteckt werden. Stille Rücklagen entstehen durch Bewertungsmaßnahmen, die das Bilanzrecht einräumt. Hierbei handelt es sich im Wesentlichen um folgende Möglichkeiten:

- Unterbewertung von Vermögensgegenständen
- Nichtaktivierung aktivierungsfähiger Wirtschaftsgüter
- Unterlassung der Zuschreibung von Wertsteigerungen
- Überbewertung von Passivposten
- Die Bildung stiller Rücklagen verhindert somit den Ausweis von Gewinnanteilen und damit auch die Möglichkeit der Ausschüttung bzw. der Entnahme.

Zur Innenfinanzierung können auch die Finanzierung aus Umsatzeinzahlungen mittels Abschreibung, Rückstellung oder Kapitalfreisetzung gezählt werden.

Abschreibung, Rückstellung, Kapitalfreisetzung

Die Abschreibung hat die Aufgabe, Wertminderung abnutzbarer Anlagegüter zu erfassen und die bilanzielle Abschreibung der kalkulatorischen Abschreibung gegenüber zu stellen. Dem Unternehmen stehen frei disponible Mittel nur dann zur Verfügung, wenn in keine Ersatzbeschaffungen reinvestiert werden muss. Zur Finanzierung aus Abschreibung zählt nur der Teil, der dem tatsächlichen Wertminderungsverlauf des Wirtschaftsgutes entspricht. Überhöhte

Abschreibungen führen zur stillen Selbstfinanzierung. Im Unternehmen gebildete Rückstellungen haben aufgrund der Steuerstundung einen Finanzierungseffekt, vorausgesetzt diese sind über Umsatzprozesse als Einzahlungen dem Unternehmen zugeflossen. Finanzierungen, die nicht eindeutig dem Eigenkapital oder Fremdkapital zugeordnet werden können, sind Finanzierungen aus Abschreibungen und aus Kapitalfreisetzungen. Finanzierung aus sonstigen Kapitalfreisetzungen ergeben sich aufgrund von Rationalisierungsmaßnahmen oder Verkauf von Vermögensteilen, die keine Absatzgüter sind. Finanzierungen können auch nach einer zeitlichen Dimension gegliedert werden. Der unbefristeten Finanzierung steht die befristete Finanzierung gegenüber, und während bei der unbefristeten Finanzierung das Kapital dem Unternehmen ohne zeitliche Begrenzung zur Verfügung steht, kann bei der befristeten Finanzierung zwischen kurz-, mittel- und langfristiger Finanzierung unterschieden werden.

Für mich ist die Finanzierung aus Abschreibung, Rückstellung oder Kapitalfreisetzung in dieser Arbeit nicht praxisrelevant und es wird daher nicht weiter darauf eingegangen.

Häufig haben jedoch Unternehmer nicht ausreichend Eigenkapital zur Verfügung, um geplante Finanzierungen vorzunehmen und sind deshalb gezwungen auf die Finanzierung mittels Fremdkapital zurückzugreifen. Unternehmen die Fremdkapital beanspruchen, müssen sich einem Rating gemäß den Richtlinien von BASEL I, II und III unterziehen und ausreichende Sicherheiten zur Verfügung stellen.

BASEL II, als Banken-Rating-System mit Risikomanagement, welches ab 1. Jänner 2007 eingeführt, genauestens eingehalten und umgesetzt wurde, erschwert KMUs neue Kredite zu generieren. Gründe dafür könnten negatives Eigenkapital oder zu geringe Besicherungsmöglichkeiten sein. Alternative Finanzierungsmöglichkeiten könnten in der Praxis ausgenützt werden.

Alternative Möglichkeiten der Finanzierung

Wenn von Bankenseite keine finanziellen Mittel mehr lukriert werden können, besteht noch die Möglichkeit, eventuell über Brauereien finanzielle Mittel zu besorgen. Eine Möglichkeit wäre ein sogenanntes Lieferübereinkommen. Dieses Lieferübereinkommen stellt eine Rabattvorauszahlung dar. Die Brauerei stellt dem Unternehmen Kapital – Bargeld – zur Verfügung. Der Unternehmer verpflichtet sich dafür eine bestimmte, genau definierte Menge an Bier innerhalb einer gewissen Zeit von der Brauerei zu kaufen. So könnte als Beispiel pro Fass Bier (50 L) ein bestimmter Betrag als Rabattvorauszahlung gewährt werden. Die Brauerei berechnet den Bierverbrauch für eine gewisse Zeit und auf Grund des Bierverbrauches und des Rabattvorschusses pro Fass wird ein Betrag errechnet, der dem Unternehmer ausbezahlt wird. Nach Abnahme der vereinbarten Menge Bier erlischt das Lieferübereinkommen.

Eine weitere Möglichkeit der Finanzierung durch Brauereien wäre die Gewährung eines zinslosen Darlehens. Diese Möglichkeit der Finanzierung können nur Unternehmer in Anspruch nehmen, die das Vertrauen der Brauereien genießen. Eine Brauerei hat beispielsweise eine Firma, welche Hotelmaschinen und Gastronomie- sowie Küchenausstattung anbietet, als Tochterfirma übernommen. Beim Kauf neuer Geräte könnte die Brauerei die Vorfinanzierung übernehmen. Eine Vergebührung des Kreditvertrages fällt somit weg und Fixzinsen währen im Vergleich zu Bankzinsen eher niedrig.

Beim Kauf eines neuen Gerätes zahlt die Brauerei den Kaufbetrag an den Unternehmer. Der Unternehmer zahlt der Lieferfirma unter Ausnutzung des Skontos das Gerät oder die Ausstattung. Die Brauerei erhält vom Unternehmer einen vereinbarten Ratenbetrag, der entweder fix oder an den Bierumsatz gebunden ist. Diese Finanzierungsmöglichkeiten unterliegen nicht den Richtlinien von Basel II, sind unbürokratisch, einfach und günstig. Voraussetzung ist allerdings hohes Vertrauen der Brauerei in den Unternehmer.

In Deutschland, speziell Bayern ist es oft üblich, dass Brauereien Gaststätten besitzen, die jedoch nicht von den Brauereien selbst, sondern von Pächtern betrieben werden. Die Infrastruktur, wie Einrichtung und Ausstattung oder Kassensysteme, werden von den Brauereien zur Verfügung gestellt und gegebenenfalls sogar erneuert oder modernisiert.

Zusammenfassend sei nochmals darauf hingewiesen, dass beim Erfolgspotenzial Finanzierung auf Außen-, Innenfinanzierung und auf alternative Finanzierungsmöglichkeiten eingegangen wurde. Als Außenfinanzierung wurden Kreditfinanzierung, Förderungsfinanzierung und Leasing ausgearbeitet. Crowdfunding ist als Finanzierungsinstrument bei Start-ups sehr beliebt.

Als Innenfinanzierung wurde die offene und stille Selbstfinanzierung durchdacht. Als alternative Möglichkeit der Finanzierung sei auf die Kooperation beispielsweise mit Brauereien hingewiesen. Was manches Mal im Zahlenkonvolut übersehen wird, ist, dass Steuerungsmöglichkeiten durch die „täglich" zur Verfügung stehenden Zahlen gegeben sind. Es sind Erlössteigerungs- und Kostensenkungspotenziale vorhanden, die in der Erfolgsrechnung ersichtlich sind, das in Folge ausgearbeitet wird.

In der Erfolgsrechnung werden Erlöse den Aufwendungen gegenübergestellt. Ziel der Erfolgsplanung sollte sein, entweder Erlöse zu steigern oder Aufwände zu reduzieren. Eine Kombination von beidem, d. h. Erlössteigerung einhergehend mit der Verringerung der Aufwendungen wäre natürlich die optimale Lösung und könnte als Erfolgspotenzial dem Unternehmen langfristig Liquidität bringen.

Mein Tipp: Schauen Sie rechtzeitig darauf, dass finanzielle Mittel in dem Ausmaß vorhanden sind, wie sie benötigt werden. Ein Finanzplan ist unerlässlich. Dem Geld nachzulaufen, kostet viel Zeit, Nerven, Energie und hohe Zinsen.

Erfolgspotenzial: Erfolgsrechnung „Gewinn- und Verlust"

Erfolgsstrategien sollten dazu dienen, um Unternehmen am Markt erfolgreich zu machen. Marktbestand und Wachstum können nur durch Wertschöpfung erreicht werden.

Als Wertschöpfung könnten Betriebsgewinn, Cashflow oder Umsatzrentabilität definiert werden. Maßnahmen können nur finanziellen Erfolg bringen, wenn entweder Erlöse gesteigert oder/und Aufwendungen gesenkt werden.

Begriffe wie zum Beispiel Erlöse, Erträge, Einnahmen werden oft unterschiedlich benutzt. Ich möchte gerne eine Definition der Grundbegriffe des Rechnungswesen auflisten:

Ertrag	(Gesamtvermögen)	Aufwand
Erlöse/ Leistung	(betr.notw. Vermögen)	Kosten
Einnahmen	(Geldvermögen)	Ausgaben
Einzahlung	(Kassa)	Auszahlung

Erlössteigerungen

Neue Marktnischen, Nischenprodukte oder neue Gäste könnten dazu beitragen, Erlöse zu steigern. Eine Steigerung des Bekanntheitsgrades wäre eine weitere Möglichkeit, Erlöse zu erhöhen. Höhere Preise oder mehr Output wäre ebenfalls denkbare Wege, um Erlössteigerungen zu realisieren. Dem Brainstorming, um höhere Erlöse zu erzielen, sind fast keine Grenzen gesetzt. Fantasie, Zeit und Inspiration sind ein guter Nährboden dafür. Leider ist in gesättigten Märkten oft nicht mehr Spielraum vorhanden, um Erlöse zu steigern. Mangelnde Kaufkraft, Steigerung der Sparquote oder rückläufige Konsumbereitschaft sowie Verlagerung der Ausgaben für Urlaube oder Befriedigung anderer Konsumwünsche erschweren es Unternehmern, permanent Erlöse zu steigern und dadurch zu wachsen. Eine Steigerung der Erlöse könnte durch zielgerichtete koordinierte Marketingmaßnahmen erreicht werden. Cashflow-Berechnungen könnten meiner Überzeugung nach eine wertvolle Grundlage sein, um den betriebswirtschaftlichen Erfolg des Unternehmens regelmäßig zu überprüfen. Modelle zur Berechnung des Cashflow gibt es mehr als genug. Jeder kann sein bevorzugtes Modell wählen. Dem Prinzip nach sind sich die Modelle sehr ähnlich. Ausschlaggebend ist immer was ich als Unternehmer wissen will. Interessiert mich der GOP, Cashflow vor Privat oder nach Privat. Inwieweit ist die AfA für mich relevant. Zahle ich Miete oder Pacht, oder ist der Betrieb in meinem Besitz. Spielen die Zinsen eine wesentliche oder marginale Rolle bei den Ausgaben. In Absprache mit dem Steuerberater oder Wirtschaftstreuhänder kann sich jeder sein Modell aussuchen. Ich habe mich auf ein praktisches Modell fixiert, wo ich benötigte Zahlen direkt aus der Bilanz übernehmen kann.

Cash - Flow			
Netto - Werte ohne Ust	€	**Netto**	**% z. Erl.**
Summe ERTRÄGE Netto	€	420.000	100 %
Summe AUFWAND - Netto	€	366.000	87 %
Einnahmen Überschuss *Gewinn*	€	54.000	13 %
Erlöse Küche Netto	€	270.000	
Erlöse Keller Netto	€	120.000	
BETRIEBSLEISTUNG (Küche & Keller)	€	**390.000**	**% zu.Betr.**
Summe Sonstige Erlöse	€	30.000	**leistung**
Gesamterlöse aus Lieferung und Leistung	€	420.000	
Wareneinsatz gesamt	€	156.000	40 %
NETTO ROHERTRAG	€	**264.000**	
Personalaufwand	€	99.000	25 %
Energieaufwand	€	24.000	6 %
Büroaufwand	€	3.000	1 %
Versicherungsaufwand	€	9.000	2 %
Betriebsaufwand	€	38.000	10 %
KFZ Aufwand	€	6.000	2 %
Steuern und Abgaben	€	1.000	0 %
Sonstiger betrieblicher Aufwand	€	81.000	21 %
Bruttoergebnis	€	**84.000**	
Zinsaufwand	€	15.000	4 %
CASH FLOW I vor Privat und AfA	€	**69.000**	
Privatentnahmen	€	24.000	6 %
CASH FLOW II vor AfA	€	**45.000**	
AFA	€	15.000	4 %
CASH FLOW Netto oder Betriebsergebnis	€	**30.000**	**100 %**

Quelle: Eigene Darstellung
Abbildung: Cashflow-Berechnung Beispiel

Diese Cashflow-Darstellung kann betriebsindividuell immer etwas anders aussehen. Abhängig von der Bilanz oder der Einnahmen-Ausgaben-Rechnung bleibt die Systematik jedoch immer gleich. Ausgehend von den Erlösen werden zuerst Wareneinsatz abgezogen, danach der Personalaufwand und alle anderen Aufwendungen. Zinsen und Privatentnahmen schmälern noch den Cashflow zum Schluss und die AfA könnte als kalkulatorischer Wert angesehen werden.

Mein Tipp: Erstellen Sie einen Plan-Cashflow. Die Cashflow-Berechnung muss rasch erfolgen, um rechtzeitig auf Abweichungen zum Plan-Cashflow reagieren zu können. Grundvoraussetzung ist, dass die betrieblichen Zahlen zeitgerecht zur Verfügung stehen und in der Finanzbuchhaltung monatlich aktuell gebucht wird.

Sollten Erlössteigerungen nicht mehr möglich sein oder der Erlös stagnieren, könnten Kostensenkungspotenziale erarbeitet und umgesetzt werden. Damit Kosten verschiedener Wirtshausgrößen und Wirtshaustypen verglichen werden können, könnten %-Sätze eingesetzt werden. Die %-Sätze der Aufwendungen könnten in folgendem Verhältnis zu den Erlösen stehen.

Kostensenkungspotenziale

Kostensenkungspotenziale sind in vielen Bereichen des Unternehmens vorhanden. Mögliche realistische Ansatzpunkte wären Senkung des Wareneinsatzes, der Personalkosten, respektive Mitarbeiterkosten.

Diese Kosten stellen in Wirtshäusern den wesentlichen Anteil der Kosten dar und belaufen sich idealerweise auf rund 60 % der Kosten. Energie-, Büro-, Versicherungs- oder Fahrzeugkosten, Zinsen oder Steuern und Abgaben kommen eher marginal zum Tragen und sind im Vergleich zum Wareneinsatz oder Mitarbeiterkosten gering. Es sollte aber dennoch immer wieder angestrebt werden, diese Kosten zu reduzieren, respektive zu optimieren.

Es gibt jedoch Unterschiede bei der Einstufung von Betrieben. Unterschiede gibt es, ob es sich um einen Top-Gastronomiebetrieb (z. B. Haubenlokal), ein Wirtshaus, Restaurant, Kommunikationsgastronomie (Ausflugsgastronomie), Gasthof oder Hotel handelt. In folgender Abbildung sollen die durchschnittlichen %-Werte der einzelnen Kostenstellen überblicksmäßig veranschaulicht werden.

Position	Top-Gastronomie	Themen-restaurant, Wirtshaus	Gutbürgerliches Restaurant	Kommunikationsgastronomie	***Gasthof, 40 Betten, à-la-carte-Geschäft	****Ferienhotel, 60–100 Betten, ohne à-la-carte-Geschäft
Betriebserlöse (BE) exkl. USt.	100 %	100 %	100 %	100 %	100 %	100 %
Wareneinsatz	30–33 %	30–33 %	28–32 %	20–25 %	25–28 %	16–20 %
Personalkosten	35–38 %	28–30 %	30–33 %	25–28 %	28–32 %	26–30 %
Betriebsaufwand	25–28 %	20–23 %	22–25 %	25–28 %	22–28 %	22–26 %
GOP	01–09 %	14–22 %	10–20 %	19–30 %	14–24 %	28–32 %
BE zu FK *	BE zu FK					
Sanierungsgrenze	1 : >1	1 : >1	1 : >1	1 : >1	1 : >1,2	1 : >2
Gesunder Betrieb	1 : <0,5	1 : <0,5	1 : <0,5	1 : <0,5	1 : <0,6	1 : <1

Diese Werte sind lediglich Durchschnittswerte und können in der täglichen Gastropraxis oft sogar drastisch abweichen.

Kostensenkungspotenzial Wareneinsatz

Der Wareneinsatz beziffert den Wert verkaufter Speisen und Getränke (ohne Eigenverbrauch oder Personalverpflegung). Die Berechnung erfolgt in %-Sätzen und beträgt im Restaurantbereich rd. 30 % vom Umsatz.

Der Wareneinsatz stellt im Gastgewerbe einen sehr hohen Kostenanteil dar. Im Durchschnitt beträgt der Wareneinsatz bei den Kärntner Wirtshäusern im Jahre 2008 laut einer Studie von TERZIC rd. 35 % von den Haupterlösen. Auch in Deutschland kann bei vergleichbaren Betrieben von diesen Durchschnittswerten ausgegangen werden. Ich werde in folgenden Rechenbeispielen unter dem Namen

„Musterwirtshaus" einige Vergleiche anstellen, um zu veranschaulichen, wie sich im Rahmen der Kalkulation finanzielle Erfolge einstellen können. Es ist sinnvoll auf eine bestimmte Verkaufsmenge hochzurechnen, damit die Zahlen eine ganz andere Bedeutung bekommen. Kleinvieh macht ja bekanntlich auch Mist, jedoch kumuliert lässt sich der Erfolg besser darstellen (im Idealfall wird noch ein ganz großer Geldhaufen daraus).

Beim Musterwirtshaus ist der Anteil im Vergleich zu den Erlösen mit 40 % sehr hoch. Warum der Wareneinsatz beim Musterwirtshaus so hoch ist, erläutern zwei Kalkulationsvergleiche. Es soll auch dargestellt werden, dass trotz dem hohen Wareneinsatz, ein vergleichsweise hoher Deckungsbeitrag in € erzielt werden kann. Unten angeführt sind zwei vereinfachte progressive Kalkulationsbeispiele, die einen Vergleich der Kostensituation beim Einkauf darstellen sollen. Es werden als Beispiele ein höherpreisiges Hirschrückenfilet und ein traditionelles Wiener Schnitzel (kann auch jedes andere Schnitzel sein) einem Vergleich unterzogen. Traditionelle Deckungsbeiträge in % (Aufschlagskalkulation) werden mit Deckungsbeitrag in € verglichen.

Achtung bei der Umsatzsteuer! Es werden bei den Berechnungsbeispielen die aktuellen Umsatzsteuersätze von Österreich verwendet (10% bei Speisen und 20 % bei Getränken) und es kann zu Abweichungen zwischen dem Nettoverkaufspreis und Bruttoverkaufspreise in Österreich, Deutschland oder der Schweiz kommen. Allerdings tut es dem Ergebnis und dem Vergleich keinen Abbruch. Rundungsdifferenzen werden hinsichtlich der Vereinfachung der Darstellung in Kauf genommen. Der Sinn sollte jedem Leser trotzdem klar sein.

Hirschrückenfilet mit Beilagen	in EUR od %
WES lt. Rezeptur Musterwirtshaus	8,60
+ Rohaufschlag in %	137%
+ Rohaufschlag in EUR	11,80
Verkaufspreis Netto	20,40
10% MWSt	2,04
Verkaufspreis Brutto	22,44 €

Quelle: Eigene Darstellung
Abbildung: Kalkulation Hirschrückenfilet Beispiel

Beim Hirschrückenfilet beträgt der Wareneinsatz € 8,60 und der Deckungsbeitrag € 11,80 pro Portion. Um bei einem Verkauf von angenommen 1.000 Stück einen Deckungsbeitrag von € 11.800 erzielen zu können, müssen € 8.600 an Kosten für den Wareneinkauf eingesetzt werden. Der aufgerundete Verkaufspreis Brutto von € 22,50 ist im relevanten Absatzmarkt im normalen Bereich, jedoch es könnte der Preis marginal angehoben werden, ohne dass bei gleich bleibender Qualität Gäste verloren gehen würden. Anders stellt sich die Situation bei einem traditionellen österreichischen Wirtshausgericht, dem Wiener Schnitzel, dar.

Wiener Schnitzel mit Beilagen	in EUR od %
WES lt. Rezeptur Musterwirtshaus	1,90
+ Rohaufschlag in %	279%
+ Rohaufschlag in €	5,30
Verkaufspreis Netto	7,20
10% MWSt	0,70
Verkaufspreis Brutto	7,90

Quelle: Eigene Darstellung
Abbildung: Kalkulation Wiener Schnitzel Beispiel

Bei Wiener Schnitzel beträgt der Wareneinsatz lt. Kalkulation € 1,90 und der Deckungsbeitrag beläuft sich auf € 5,30 pro Portion. Um bei einem Verkauf von angenommen 1.000 Stück einen Deckungsbeitrag von € 5.300 erzielen zu können, müssen lediglich € 1.900 an Kosten für den Wareneinkauf eingesetzt werden.

Der Verkaufspreis von € 7,90 entspricht einem unteren Preisniveau des relevanten Absatzmarktes. Das Wiener Schnitzel könnte ein Indikator für die Beurteilung des Preisniveaus eines ganzen Betriebes sein und ein günstiger Verkaufspreis könnte eventuell dadurch Marktvorteile bringen. Unter dem Aspekt einer „psychologischen Preisgrenze" könnte dadurch der gesamte Betrieb seitens der Gäste als „günstig" eingestuft werden.

Bei einem Vergleich der beiden Speisen stellt sich die Situation des Wareneinsatzes und des Deckungsbeitrages folgendermaßen dar:

Vergleich Wareneinkauf - Wareneinsatz (in EUR)	WES / Port.	1.000 Port
Hirschrückenfilet	8,60	8.600
Wiener Schnitzel	1,90	1.900
Einkauf Wiener Schnitzel ist gegenüber Hirschrückenfilet günstiger, um:	**6,70**	**6.700**
Vergleich Deckungsbeitrag (DB)	**DB / Port.**	**1.000 Port**
Hirschrückenfilet	11,80	11.800
Wiener Schnitzel	5,30	5.300
DB ist beim Hirschrückenfilet gegenüber Wiener Schnitzel höher, um:	**6,50**	**6.500**

Quelle: Eigene Darstellung
Abbildung: Vergleich DB und WES Beispiel

Ausgehend vom Rohaufschlag in % sollte ich aufgrund obiger Berechnungsbeispiele nur Wiener Schnitzel verkaufen wollen. Der Deckungsbeitrag in € spricht da ganz eine andere Sprache. Beim angenommenen Verkauf von 1000 Hirschrückenfilets hätte ich € 6.500 mehr in der Kassa. Genau dieses Geld kann ich zusätzlich verwenden. Ob ich es auf das Bankkonto zahle oder davon notwendige Investitionen tätige, ich profitiere auf jeden Fall davon.

Beim Musterwirtshaus wird davon ausgegangen, dass ein sehr hoher Anteil an Speisen in Form von Hirschrückenfilet verkauft wird, oder gleichgelagerten Speisen, die alle einen ähnlich hohen Deckungsbeitrag erreichen. Wenn der Verkaufsschwerpunkt auf das Wiener Schnitzel gelegt würde, könnten sehr hohe Kosten beim Wareneinsatz eingespart werden und der %-Satz des Wareneinsatz zu den Erlösen würde sich reduzieren. Setzt man hingegen mehr Geld für den Wareneinsatz für die als Beispiel angeführten Hirschrückenfilets ein, so kann ein sehr hoher Deckungsbeitrag erzielt werden, der wiederum dazu dient, einen höheren Bilanzgewinn und somit höhere Roherträge zu erreichen. Bei einem Wareneinsatz von € 1.900 für die Wiener Schnitzel können € 5.300 Deckungsbeitrag erzielt und bei einem Einsatz von € 8.600 können jedoch € 11.800 an Deckungsbeitrag erzielt werden. Es sollte allerdings die Kapitalbindungsdauer so kurz wie möglich gehalten werden, d. h. kurze Lagerzeiten (sofern sich dies nicht auf die Qualität des Fleisches auswirkt).

Ein Verlagerung von Hirschrückenfilets auf Wiener Schnitzel wäre kostensparend, jedoch würde der Rohertrag und weiterführend das Betriebsergebnis ungleich schlechter ausfallen. Für 1.000 Portionen Hirschrückenfilets müssten rd. 2.226 Portionen Wiener Schnitzel verkauft werden, damit derselbe Deckungsbeitrag erzielt werden könnte. Zu beachten wäre in diesem Fall auch der höhere Personalaufwand, Energieaufwand und Reinigungsaufwand. Höhere Kosten wirken sich negativ auf das Betriebsergebnis aus und schmälern auch den Deckungsbeitrag. Das Argument, dass ich dann ja auch mindestens 2.226 Getränke zusätzlich verkaufe, kann natürlich auch noch diskutiert werden. Dem Deckungsbeitrag kommt deshalb in der Gastronomie eine hohe Bedeutung zu.

Mein Tipp: Augenmerk auf Speisen mit hohen Deckungsbeiträgen legen. Hohe Deckungsbeiträge in € können dafür verwendet werden, um mehr Geld auf das Bankkonto einzuzahlen. Hohe Deckungsbeiträge in % kann ich nicht auf die Bank tragen.

Betrachtet man obigen Vergleich, so ist vom Hirschrückenfilet der Deckungsbeitrag von € 8,60 merklich höher als beim Schnitzel. Ich überlasse Ihnen die Rechenbeispiele, was bei 1000 verkauften Portionen passieren würde, wenn ich es schaffe, den Deckungsbeitrag pro Speise auf € 10, € 12 oder sogar € 14 zu erhöhen. Das Verkaufen von Speisen könnte da ja fast noch mehr Spaß machen.

In der kurzfristigen Erfolgsrechnung werden von den Erlösen stufenweise alle Kosten nach einem bestimmten Schema abgerechnet und es ergeben sich Deckungsbeiträge mit differenzierter Aussagekraft. Der Deckungsbeitrag nach Berücksichtigung aller Aufwände, die für die Geschäftstätigkeit des Betriebes notwendig sind, könnte auch als Gross Operating Profit (GOP) bezeichnet werden. Speziell in der Hotellerie genießt der GOP einen sehr hohen Stellenwert als aussagekräftige Kennzahl. Um eventuell Kosten beim Wareneinsatz einzusparen und dadurch den Deckungsbeitrag zu erhöhen, könnte überlegt werden, den Wareneinsatz beim Hirschrückenfilet durch kleinere Portionierung oder günstigeren Fleischeinkauf zu reduzieren. Billigeres Fleisch könnte jedoch die Qualität der Speisen negativ beeinflussen. Schlechtere Qualität oder zu kleine Portionen bei gleichen Verkaufspreisen könnten den „guten Ruf" langfristig negativ beeinflussen, was zu Folge haben könnte, dass weniger Gäste das Wirtshaus besuchen und somit die Ertragskraft schwächt. Eine Erhöhung des Verkaufspreises könnte auch ins Auge gefasst werden, um somit den Deckungsbeitrag indirekt zu erhöhen, respektive den Wareneinsatz im Verhältnis zum Umsatz zu reduzieren. Gäste reagieren sehr sensibel auf Verschlechterung der Qualität, noch sensibler auf immer kleiner werdenden Portionen und am sensibelsten, wenn die Portionen kleiner und die Preise größer werden. Zusammengefasst könnte festgehalten werden, dass ein höherer Kapitaleinsatz in Verbindung mit kurzen Lagerzeiten und einem marktüblichen Verkaufspreis langfristig zum wirtschaftlichen Erfolg und Marktbestand enorm (wesentlich) beitragen könnte.

In der Gastronomie ist derzeit leider noch immer die veraltete Aufschlagskalkulation praxisrelevant. Würde man das Hirschrückenfilet mit einem Wareneinsatz von € 8,60 mit dem Rohaufschlag in % des Wiener Schnitzels verkaufen, müsste das Hirschrückenfilet um rd. € 32 verkauft werden. Dieser Verkaufspreis sprengt die Kaufkraft der potenziellen Gäste im relevanten Absatzmarkt und der bodenständigen Gastronomie. Folge wäre, dass keine Gäste mehr Hirschrückenfilets konsumieren würden.

Veraltete progressive oder retrograde Aufschlags-Kalkulationsschemen könnten durch das Target-Costing ersetzt werden. Ich gehe jedoch davon aus, dass die Kostenkenntnis der Unternehmer von Wirtshäusern nicht so weit reicht oder auch die Auswertung von Kostenstrukturen nicht aktuell vorhanden ist, um effizient mit Target-Costing zu arbeiten.

Der Deckungsbeitrag dient dazu, Kosten zu decken, jedoch nicht den Wareneinsatz. Beim Musterwirtshaus könnte folgende Kostenaufteilung vorliegen:

	Kosten ohne WES	DB / Speise	DB / Speise	DB / Speise
	200.000	3,00	5,00	10,00
Personalkosten davon	48%	1,44	2,40	4,80
Restl. Aufwand davon	37%	1,11	1,85	3,70
Steuern / Abgaben, Sonstiger Aufwand, Gewinn	15%	0,45	0,75	1,50

Quelle: Eigene Darstellung
Abbildung: Kostenaufteilung Beispiel Werte in EUR

Angenommen die Kosten ohne Wareneinsatz belaufen sich auf € 200.000. Die Personalkosten stellen in der Gastronomie neben dem Wareneinsatz einen sehr hohen Anteil dar. In Relation aller Kosten – ohne Wareneinsatz – sind das rund 48 %. Beispielsweise stehen bei einem Deckungsbeitrag von rd. € 10 für Mitarbeiterkosten € 4,80 zur Verfügung, wobei hingegen bei einem Deckungsbeitrag von rd. € 5 lediglich € 2,40 verwendet werden können. Bei Speisen mit einem niedrigen Deckungsbeitrag in € müssen der Relation entsprechend mehr Mitarbeiter eingesetzt werden, um die Gästewünsche zu befriedigen, was wiederum bedeutet, dass der gesamte Personalaufwand dadurch ansteigen könnte.

Wichtig ist, dass grundsätzlich Mitarbeiter als „Human Kapital" betrachtet werden, jedoch darf trotz einer schlanken, familiären Struktur dennoch nie vergessen werden, dass Mitarbeiter auch hohe Kosten verursachen.

Kostensenkungspotenzial Mitarbeiter

„Jeder Mitarbeiter, der bei Ihnen einmal eingestellt wurde, war bereits motiviert. Er kannte Sie und Ihren Betrieb noch nicht." Diese, von Edgar Schätzing stammende, etwas zynische Formulierung bedeutet, dass die Motivation und damit die Leistungsbereitschaft vieler Mitarbeiter seitens der Unternehmer zerstört werden, sobald diese einige Tage im Unternehmen arbeiten. In solchen Fällen sollte der Führungsstil überdacht werden. Zwischen Management (Planung) und Führung (Richtung vorgeben) herrschen Unterschiede. Management als deduktiver Begriff bedeutet Planung, Entscheidung, Durchführung und Kontrolle. Führung ist induktiv zu verstehen und es sollten im Unternehmen langfristig positive Veränderungen, durch das Ziel die Vision zu erreichen, herbeigeführt werden. „Corporate Identity" oder „Corporate Culture" können nur durch entsprechende Führung realisiert werden. Mitarbeiter könnten einerseits Humane Ressourcen darstellen oder lediglich ein Kostenfaktor sein. Reiner Kostenfaktor entsteht, wenn Mitarbeiter bereits innerlich gekündigt haben. Unter „innerer Kündigung" kann der Zustand der bewussten oder unbewussten Distanzierung eines Mitarbeiters von Engagement und Eigeninitiative am Arbeitsplatz sein. Getroffene Entscheidungen seitens der Mitarbeiter werden an den Vorgesetzten rückdelegiert. Die Deutsche Management Gesellschaft e.V. schätzt, dass 40 % bis 50 % der Mitarbeiter bereits innerlich gekündigt haben und das dies der Wirtschaft 30 % bis 50 % der Arbeitsproduktivität kostet.

Wichtig ist, dass Mitarbeiter Unternehmensziele eventuell mit formulieren dürfen, aber zumindest mittragen und die gesetzten Ziele auch mit Nachdruck verfolgen. Meist sind dies nicht monetäre Ziele wie Gäste- oder Kundenzufriedenheit, um für das Unternehmen Marketing zu betreiben. Mitarbeiter stellen für Unternehmen trotz allem immer einen Kostenfaktor dar. In der Kärntner Gastronomie betragen laut der Studie von TERZIC beispielsweise 2008 die durchschnittlichen Personalkosten im Vergleich zu den Haupterlösen rd. 46 %. Bei der Budgetierung der Mitarbeiterkosten (Personalkosten) sollte immer ein Personaleinsatzplan die Grundlage sein. Zu berücksichtigen ist auch die Jahresremuneration. Ende Juni ist der 13. Lohn (Urlaubsgeld) und Ende November der 14. Lohn (Weihnachtsgeld) fällig was bedeutet, dass doppelte Lohnkosten anfallen und diese in der Liquiditätsplanung berücksichtigt werden müssen. Herrschende Meinung in der Gastronomie ist derzeit, dass Wareneinsatz und Mitarbeiterkosten rd. 60 % im Vergleich zu den Erlösen nicht überschreiten sollten. Je höher der Wareneinsatz, desto niedriger sollten die Mitarbeiterkosten ausfallen. Durch „make-or-buy-Entscheidungen" oder „Outsourcing", speziell im Küchenbereich durch den Einkauf von Halbfertigprodukten (z.B. geschälte Kartoffeln oder geschältes Gemüse, portioniertes Fleisch), können Mitarbeiterstunden eingespart und dadurch Kosten gesenkt werden.

Als Kostensenkungspotenzial kann auch die Behebung der Ursachen innerer Kündigung betrachtet werden. Coaching und Empowerment könnten integraler Bestandteil der Führungsaufgaben werden.

Jede Führungskraft ist auch Coach (Team- oder Dienstleistungscoach) seiner Mitarbeiter, die er individuell bei der Erreichung der persönlichen Ziele und Bewältigung der Aufgaben unterstützen könnte, um dadurch zum persönlichen Wachstum aller Personen beizutragen. Durch Empowerment wird der Mitarbeiter hinsichtlich Teamgeist, Kooperation und soziale Kompetenz gefördert und dadurch vom Untergebenen zum mündigen Mitarbeiter. Viele Unternehmer sparen aber zu sehr an den Mitarbeiterkosten, stellen billig bezahlte „Speisen- und Getränketräger" ein, die weder verkaufen können noch den Gästen das Gefühl vermitteln „Herzlich Willkommen" zu sein. Gute Mitarbeiter kosten zwar etwas mehr, bringen aber höheren Umsatz und reduzieren somit wieder den %-Anteil im Vergleich zu den Erlösen. Direktes Einsparungspotenzial ist hiermit nicht gegeben, aber über Umwegrentabilität können Erlössteigerungen realisiert werden. Zukünftig überleben flexible und vorausschauende Unternehmen mit stolzen, unternehmerisch denkenden und partnerschaftlichen Mitarbeitern und nicht „abgemagerte" Betriebe mit vorwiegend „innerlich gekündigten" Mitarbeitern.

Kostensenkungspotenzial Sonstiger Aufwand

Übrige oder sonstige Aufwände sind in der Kosten-Ertrags-Rechnung oder Profit Center-Rechnung zu finden und es könnten Kommunikation, Dienstleistungen, Provisionen, Betriebssteuern, Verwaltung, Marketing, Instandhaltung, Energie, Leasing, Versicherungen, Abschreibungen oder Diverses budgetiert werden. Aufwände finden in der Erfolgsanalyse Verwendung und könnten in Personalaufwand, Geringwertige Wirtschaftsgüter, Steuern, Gebühren, Beiträge, Verwaltung, Telefon, Versicherungen, Reinigungs- und Verbrauchsmaterial, Werbeaufwand, Instandhaltungen, Miete und Betriebskosten, Energie oder KFZ-Aufwand gegliedert sein. Übriger betrieblicher Aufwand oder Steuern vom Einkommen und Ertrag werden differenziert ausgeführt. In Kleinstunternehmungen wäre eine Differenzierung in Personalaufwand, Energieaufwand, Büroaufwand, Versicherungsaufwand, Leasing, Betriebsaufwand, KFZ-Aufwand, Steuern und Abgaben, Zinsaufwand und Abschreibung denkbar.

Kostensenkungspotenzial Zinsen

Zinsen sind Kosten für Fremdkapital. Zinssätze sind oft an den EURIBOR, LIBOR oder die Sekundärmarktrendite gebunden. Für Girokonten werden in der Praxis immer höhere Zinssätze verlangt als für Abstattungs-, Investitionskredite oder Darlehen. Zinsen werden verrechnet, wenn Girokonten kein Guthaben aufweisen, sondern der Saldo im Soll steht, d. h. das Girokonto übernimmt eine Kreditfunktion. Als Beispiel ergeben sich bei einer durchschnittlichen jährlichen Überziehung von € 50.000 und einem Zinssatz von 10 %, Zinsen in der Höhe von € 5.000 per anno. Der Zinssatz kann sehr volatil sein. Derzeit sind die Zinsen im Keller und ein Zinssatz von 10 % am Girokonto ist extrem hoch. Angemerkt sei noch, dass die Zinsen je nach Bonität des Unternehmens günstiger oder teurer sein können. Direkt steuern kann ich den Zinssatz nicht, jedoch kann ich die Höhe des Girorahmens steuern. Eine planvolle Finanzierung mit einem ausgewogenen Verhältnis zwischen Investitionskredit/Abstattungskredit und Girokonto macht durchaus Sinn.

Eine sinnvolle und effiziente Möglichkeit Zinsen zu senken, wäre die Reduktion des Überziehungsrahmens am Girokonto. Monetäres operatives Ziel eines Wirtshauses sollte daher sein, Girokonten lediglich auf Habenbasis[6] - ohne Überziehungsrahmen - zu bedienen. Leider ist es auch mir noch nicht ganz gelungen, ganz ohne Rahmen am Girokonto auszukommen. Die Reduzierung der Zinsen wirkt sich direkt auf das Betriebsergebnis (Bilanzgewinn) und somit auf den Cashflow aus.

---

[6] Habenbasis: Bedeutet, dass am Girokonto kein Kreditrahmen zur Verfügung steht. Für Auszahlungen vom Girokonto ist ein Guthaben Voraussetzung.

Kostensenkungspotenzial Steuern und Abgaben

In der Praxis ist es oft sehr schwierig, Ertragssteuern und Abgaben an Behörden zu planen. Wichtig ist jedoch, diese Kosten permanent zu beobachten und wenn möglich, rechtzeitig gegenzusteuern. Die Bildung von Liquiditätsreserven ist ganz wichtig. Zusammenfassend sei erneut speziell auf die Kostensenkungspotenziale wie Kostensenkung beim Wareneinsatz, bei den Personalkosten, beim sonstigen Aufwand, bei den Zinsen oder bei den Steuern und Abgaben hingewiesen. Erlössteigerungen sind derzeit nicht unmöglich, jedoch ohne entsprechenden Kosteneinsatz sehr schwer zu erreichen.

Marketing, Kooperation, Finanzierung und Erfolgsrechnung können nur dann zu Erfolgspotenzialen werden, wenn adäquate Ziele visualisiert und letztlich auch umgesetzt und täglich gelebt werden. Vielen Unternehmern fehlen der Weitblick in Form einer Vision und der Fokus auf die formulierten Zielsetzungen. Diese und weitere Gedanken werden in der Folge durchdacht und ausformuliert.

Erfolgspotenzial: Unternehmensziele

Ein wichtiger Faktor um am Markt erfolgreich zu sein, ist die genaue Formulierung und Realisierung von Unternehmenszielen. Leider haben sehr viele Unternehmer keine Ziele definiert oder visualisiert.

Zielplanung ist immer ein mehrstufiger Entscheidungsprozess – von oben nach unten – wo zum Beispiel Marketingziele dem Unternehmenszweck untergeordnet sind. Zielvorgaben können monetär oder nicht monetär sein und nach Zielinhalt, Zieldimension, Zielausmaß und Zielsegment konkretisiert werden. Formulierung klarer, langfristiger Ziele ist wesentlicher Bestandteil der Marketingkonzeption, um nicht vom Agieren ins Reagieren, somit zum „Durchwursteln", schöner umschrieben zum „Muddling Through" zu degenerieren, wird immer betont. Die Praxis zeigt, dass „Management by Durchwursteln" eine sehr weit verbreitete Managementtechnik in der Gastronomie zu sein scheint.

Ziele stehen in Beziehung zueinander. Dabei lassen sich drei Arten von Zielbeziehungen unterscheiden:

Komplementäre Zielbeziehungen:
Die Erreichung eines Zieles geht einher mit der Erreichung eines anderen Zieles.

Konkurrierende Zielbeziehungen:
Die Erreichung eines Zieles behindert die Erreichung eines anderen Zieles.

Indifferente Zielbeziehungen:
Die Erreichung eines Zieles steht in keinem Zusammenhang mit der Erreichung eines anderen Zieles.

Folgende Abbildung stellt die Hierarchie der Zielebenen in übergeordnete Ziele und Handlungsziele dar.

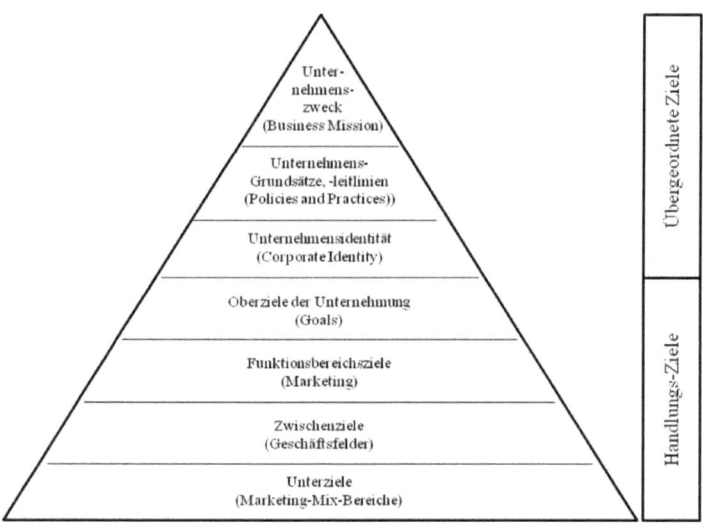

Quelle: MEFFERT 2000: 71
Abbildung: Zielsystem – Hierarchie der Zielebenen

Die oberste Ebene, Unternehmenszweck oder „Business Mission", könnte der „Vision" eines Unternehmens gleich gesetzt werden.

Visionen und Ziele sollten immer langfristig betrachtet werden, egal wie ertragreich das Tagesgeschäft ist. Auf eventuelle Zielkonflikte sollte immer geachtet werden, denn diese hemmen den Zielerreichungsgrad.

Die gleichzeitige Realisierung kurz-, mittel- und langfristiger Ziele ist eine der schwierigsten Aufgaben bei der Führung durch Ziele. Kurzfristiger Erfolg könnte für Geld in der Kasse sorgen, könnte aber die langfristige Zielerreichung blockieren.

In der Praxis könnte der Fall eintreten, dass ein Wirtshaus durch preiswerte Speisen oder Menüs mehr Kunden anlockt. Dadurch werden die liquiden Mittel kurzfristig aufgebessert. Gleichzeitig könnten Gäste, deren Konsum einen hohen Pro-Kopf-Umsatz bringt, verloren gehen, weil ihr Vertrauen in die Qualität und die Kompetenz durch die Billigpreisschiene getrübt werden könnte. Um das oberste Ziel zu realisieren, ist das Erreichen vieler kleiner Zwischenziele (Teilziele) oder Unterziele notwendig. Zwischen- oder Unterziele könnten realisiert werden, wenn alle Projekte in einem Unternehmen zielgerichtet auf die Vision umgesetzt werden, um somit zum Erfolgsfaktor werden.

Erfolg ist relativ, situativ, prozess- und kontextabhängig. Projekterfolg eines Unternehmens wird als Beitrag zur Erhaltung der Anpassungsfähigkeit eines Unternehmens an veränderte Anforderungen der relevanten Umwelt gesehen. Erfolgsfaktoren repräsentieren Einflussgrößen in- und außerhalb von Organisationen, die den Erfolg von Unternehmen vorsteuern. Erfolgsfaktoren sind Merkmale, Bedingungen oder Elemente, die eine signifikante Wirkung auf den Erfolg des Unternehmens haben.

Leider haben viele Wirte oft nur ein einziges Ziel, nämlich den Tag ohne großen Aufwand, unbeschadet, wenn möglich mit wenig finanziellem Verlust, zu überstehen. Vision, Zielsetzungen und Leitlinien sollten immer schriftlich formuliert und permanent visualisiert werden.

Die Unternehmensphilosophie und daraus abgeleitete Unternehmensleitlinie kann folgendermaßen formuliert sein:

Unsere **Unternehmensphilosophie** *und* **-leitlinien sind** *leicht erklärt:*

Althergebrachtes und Traditionelles aufrechtzuerhalten und mit Trends und Neuerungen in harmonischem Einklang zu bringen, ist uns ein großes Anliegen.

An höchster Stelle steht bei uns der **Mensch,** *konkret* *die* **Zufriedenheit unserer Gäste** *und die Zufriedenheit unserer MitarbeiterInnen.*

Motivation *und* **Einsatzbereitschaft** *der* **Familie** *sowie der* **MitarbeiterInnen,** *deren* **fachliche** *und noch mehr deren* **soziale Kompetenz** *schafft die* **Kundenzufriedenheit** *und sind der Schlüssel zu unserem Erfolg.*

Unsere **Qualität** *sichert uns das Vertrauen unserer Gäste und die* **ökologisch orientierte Wirtschaftlichkeit** *steigert den Wert des Unternehmens.*

Dadurch sichern wir langfristig und nachhaltig den Unternehmensfortbestand und stärken unsere Position im zunehmenden Wettbewerb.

(Nachzulesen unter: www.kirchenwirt.in/unternehmensphilosophie)

Unternehmensziele im Tourismus (Gastgewerbe) können in ökonomische (monetäre, wirtschaftliche, quantitative Ziele) und in nicht-ökonomische (nicht-monetäre, soziale, gesellschaftliche, psychographische Ziele) differenziert werden. Ich entscheide mich einfach für die Verwendung der Termini „monetäre" und „nicht-monetäre" Unternehmensziele.

Monetäre Unternehmensziele

Marktstellungsziele (z.b. Marktanteil, Umsatz), Rentabilitätsziele (z.b. Gewinn, Umsatzrentabilität, ROI, Cashflow) oder Finanzziele (z.b. Liquidität, Kreditwürdigkeit) könnten neben der Gewinnmaximierung als häufigste Zielformulierung von monetären Zielen im Tourismus genannt werden. Bestandteil betriebswirtschaftlicher monetärer Zielgrößen ist die Zielerreichung durch Erstellung und Verwertung von Produkten und Dienstleistungen zwecks Bedürfnisbefriedigung Dritter, um Ziele der an Unternehmen beteiligter Individuen zu erreichen. Bei meinem Musterwirtshaus könnte eine mögliche monetäre Zielsetzung sein, eine jährliche Umsatzrentabilität von mind. 10 % zu erreichen.

Nicht-monetäre Unternehmensziele

Gesellschaftsbezogene Ziele (z.b. Image, Prestige, Umweltverträglichkeit), mitarbeiterbezogene Ziele (z.b. Arbeitszufriedenheit, Einkommenssicherung, soziale Integration, Sicherheit) und psychographische Ziele (z.b. Bekanntheit, Zufriedenheit, Kundenbindung) stehen in enger Beziehung zueinander. Ein nicht-monetäres Unternehmensziel vom Musterwirtshaus könnte sein, dass jeder 10. Kärntner bei der Entscheidung über den Besuch eines Wirtshauses sich für das Musterwirtshaus entscheidet.

Sowohl monetäre als auch nicht-monetäre Ziele dürfen in der Praxis nie isoliert betrachtet werden. Ziele sollten sich ergänzen und gegenseitig Nutzen stiften.

Unternehmensziele versus Vision

An der Spitze der Zielhierarchie stehen allgemein und grundsätzlich gehaltene zukünftige richtungweisende Rollen des Unternehmens, die als Vision oder Unternehmensphilosophie bezeichnet werden könnten. Eine Vision, die Entwicklung einer vagen Idee, bedarf im Normalfall keiner Planung. Oft ist im Dickicht der betrieblichen Problemlösung der geeignete Weg nicht mehr zu sehen. Eine entwickelte und präsente Vision kann tägliche Projektarbeiten erleichtern.

In einer Art Kompassfunktion kann die Zielrichtung wieder anvisiert werden. Vision sind abstrakt und vage, deshalb bedürfen sie einer weiteren Präzision durch Unternehmensziele (Corporate goals). Diese Ziele gelten für das ganze Unternehmen und es sollen aus den Unternehmenszielen deduktiv einzelne Geschäftsbereichsziele und Funktionsbereichsziele (z.B. Beschaffung, Lagerung, Produktion, Absatz, Finanzierung, Personal) abgeleitet werden.

Zwei Aspekte, nämlich der Unterschied zwischen operativen und strategischen Zielen, können hinsichtlich der Funktion von Zielen (Projektzielen) herausgearbeitet werden. Hinsichtlich der Funktion der Ziele wird zwischen „Durchwursteln" und starrer Zielfixierung unterschieden. Ziele geben Orientierung und Sicherheit, vor allem dann, wenn unterschiedliche Anforderungen von Zielen auf ein Projekt einprasseln.

Leider mangelt es in der betrieblichen Realität Wirtsleuten oft an klaren Zielformulierungen, sodass weder der Weg zu den Zielen anvisiert, geschweige denn Zielsetzungen realisiert werden können. Vision scheint ein Fremdwort zu sein und wie oft werden Unternehmer mit Vision als „Spinner" schubladisiert.

In der Praxis könnte die Vision des Musterwirtshauses sein, „DER Wildwirt" in Bayern oder „DER Fischwirt" in Hamburg zu werden. Bei der Entscheidung Wild essen zu wollen, wird in Bayern nur ein einziger Name genannt: „Der Wildwirt".

Eine klare Formulierung monetärer und nicht-monetärer Ziele wäre folgende:

Der Wildwirt will bis 2020 folgende Ziele erreichen:
Monetäre Zielsetzung:

- 15.000 verkaufte Wildgerichte p.a., Durchnittspreis-Brutto = € 21,50, das entspricht € 322,500 Umsatz p.a.
- 15.000 verkaufte Wildgerichte p.a., Durchschnitts-DB = € 10 pro Wildgericht = € 150.000 Rohertrag p.a.
- Marktanteil des Musterwirtshauses am Wildmarkt in Bayern beträgt bis 2020 mind. 80 %
- Der Bekanntheitsgrad des Wildwirtes hinsichtlich Wildgerichten beträgt im Jahre 2020 mind. 80 % im relevanten Markt

Nicht-monetäre Zielsetzung:

- Wild essen beim Wildwirt ist „Kultig"
- Wer „in" sein will, muss zum Wildwirt um Wild zu schlemmen

Zielplanung Musterwirtshaus

Planung Produktlebenszyklus
Im Rahmen der Produktplanung sind unterschiedliche Informationen notwendig. Produkte könnten Lebewesen gleich gesetzt werden, sie unterliegen gewissen Gesetzen, die Produkte werden geboren, wachsen, werden alt und sterben. Deshalb haben

Produkte eine begrenzte Lebensdauer die während des Bestehens bestimmte Phasen durchlaufen. Der idealtypische Verlauf eines Lebenszyklus wird in folgender Abbildung dargestellt:

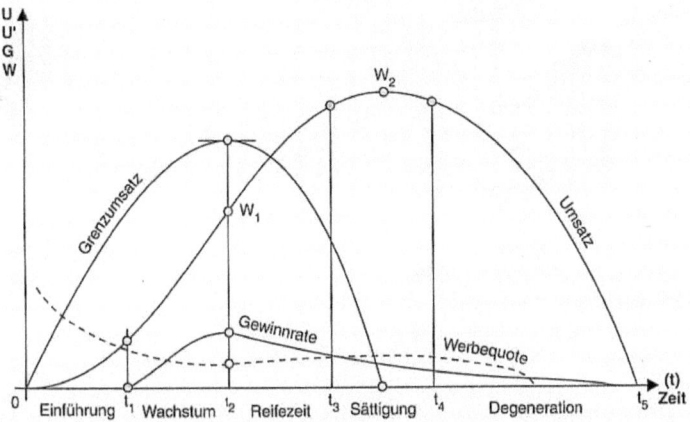

Quelle: MEFFERT 2000:339
Abbildung: Phasen des Produktlebenszyklus

Grundlegende Aussage des Modells ist, dass jedes Produkt bestimmte Phasen durchläuft. Diese Phasen sind: Einführung, Wachstum, Reife, Sättigung, Degeneration.

Das Beispiel des Produktlebenszyklus kann auch auf einen Lebenszyklus eines Wirtshauses übertragen werden. Der Lebenszyklus des Musterwirtshauses könnte idealtypisch wie in folgender Abbildung dargestellt werden:

155

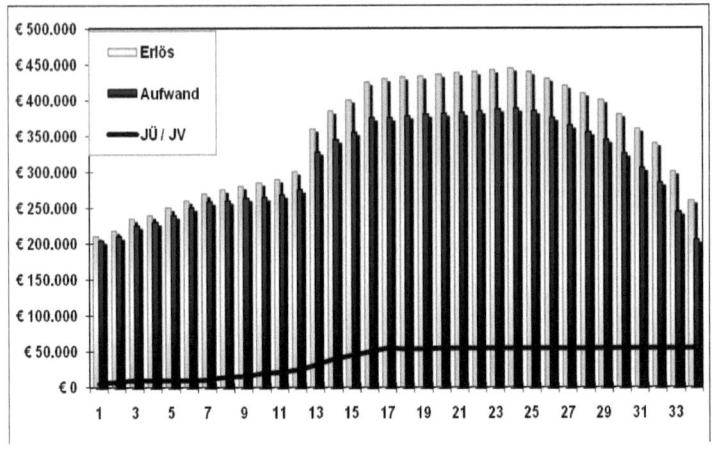

Quelle: Eigene Darstellung
Abbildung: Lebenszyklus Beispiel

Beispielsweise beginnt die Lebenszyklusphase in 1.
Die Wachstumsphase erstreckt sich auf die Jahre 1
bis 15. Als Reifephase könnten die Jahre 16 bis 22
definiert werden. Die Jahre 23 bis 28 könnten als
Phase der Sättigung definiert werden. Die Jahre 29
bis 34 sind Phasen der Schrumpfung (Degeneration).

Marktaustritt könnte im Jahr 34 sein. Marktaustritt
ist nur dann der Fall, wenn es keine Nachfolger gibt.
Sollte es einen Nachfolger geben, dann würde dieser bei dem Wert in das Unternehmen einsteigen
und seinen betrieblichen Lebenszyklus beginnen.

Planung Öffnungszeiten

In allen Wirtshäusern gibt es Tage, an denen ein hoher DB erzielt wird aber auch Tage, an denen kein oder sogar ein negativer Deckungsbeitrag erzielt wird. Ein positiver Deckungsbeitrag wird erreicht, wenn die Fixkosten pro Öffnungstag und die variablen Kosten überschritten werden. Wichtig ist zu wissen, wo der Break-Even-Point (kurz: BEP) liegt, damit Tage mit negativem Deckungsbeitrag so gering wie möglich gehalten werden. Die relativen Fixkosten pro Öffnungstag sind in allen Monaten verschieden hoch. Die variablen Kosten richten sich nach den verkauften Speisen. Beim Musterwirtshaus wird ein tägliches Controlling des Betriebsergebnisses durchgeführt und der Deckungsbeitrag wird im Kalkulationsprogramm „PC-Küche" (NECTA) als Rohgewinn bezeichnet. Ziel sollte es sein, Tage, an denen der BEP nicht überschritten wird, zu minimieren und Tage, die den BEP überschreiten zu forcieren.

Planung der Rollen im Unternehmen

In großen Unternehmen sind Arbeitsaufgaben und Abläufe hierarchisch gegliedert und für verschiedene Bereiche sind verschiedene Abteilungen und somit Fachkräfte verantwortlich. KMUs sind aufgrund der Größe und Kapitalstruktur in den meisten Fällen nicht in der Lage für verschiedene Aufgaben adäquate Fachkräfte zu beschäftigen. Schlüsselpositionen, wie z.B. Küchenchef oder Serviceleiter, werden oft von den Wirtsleuten selbst übernommen, wofür diese auch meist ausgebildet wurden. Für das Marketing, Finanzmanagement, Mitarbeiterführung (Mediation) sind aber auch meist die Wirtsleute selbst verantwortlich. Für diese interdependente Multifunktionalität ist leider in KMUs – speziell in ländlichen Wirtshäusern - die Kompetenz nicht immer vorhanden. Daraus ergibt sich für die Unternehmer eine Fülle von hohen Anforderungen. Diesen Anforderungen gerecht zu werden, könnte für Unternehmer in Kärntner Wirtshäusern zum Erfolgspotenzial werden.

Zusammenfassend soll betont werden, dass monetäre und nicht-monetäre Unternehmensziele wichtige Wegweiser für jeden Unternehmer darstellen, speziell in Flautezeiten, die zu turbulenten Zeiten für Unternehmer werden können. Im Gegensatz zu den sehr konkreten, messbaren Zielen, kann eine Vision einen etwas tougheren Touch haben – wie beispielsweise, dass nur noch ein Name im Zusammenhang mit Wild essen in Bayern verbunden ist: „Das Musterwirtshaus" oder „Der Wildwirt". Was sind Ziele und Vision, wenn diese nicht von einer starken Persönlichkeit getragen werden. In der Folge wird das Erfolgspotenzial Unternehmer genauer unter die Lupe genommen.

Erfolgspotenzial: Unternehmer

Für die Stimmung ihrer Gäste aber auch die ihrer Mitarbeiter ist meist der Unternehmer selbst verantwortlich. Viele Diskussionen im Vorstand des Vereins Kärntner Wirtshauskultur handeln vom mangelnden Selbstvertrauen der Wirte. Möglichkeiten das Selbstwertgefühl zu erhöhen und das Selbstbewusstsein zu stärken, werden diskutiert und erörtert. Aus allen Diskussionen geht hervor, dass die Anforderungen an Unternehmer enorm hoch und vielfältig sind.

Anforderungen an Unternehmer

Unternehmer stehen einer Fülle an Herausforderungen und Problemlösungen gegenüber. Im Gegensatz zu großen Gesellschaften oder Konzernen, in denen meist Kompetenzteilung hierarchisch nach der Top-down-Methode gegliedert ist, sind bei KMUs die meisten Führungsaufgaben zusätzlich neben den täglichen operativen Aufgaben seitens der Unternehmer selbst zu bewältigen. Im Gastgewerbe könnte kochen und servieren von Speisen und Getränken als Kernkompetenz gesehen werden, da diese Bereiche monetäre Erfolge bringen. Jedoch wird hohe Kompetenz in puncto Marketing, Finanzierung (Rechnungswesen, Kalkulation, Controlling, Kapitalbeschaffung), Planung und Soll-Ist-Beurteilung der Erlöse-/Kostensituation sowie Zielsetzung immer wichtiger und notwendiger. Vielfach gelingt es Unternehmern nicht immer, in allen Bereichen kompetent zu sein. Eine Reflexion des Rücklaufs der Befragung der Gastronomiebetriebe von TERZIC zeigt, dass die Mehrheit der Kärntner Unternehmer als betriebswirtschaftlich desinteressiert eingestuft werden könnten.

Voraussetzungen für Erfolg ist, dass Unternehmer sich selbst im Griff haben. Zu wissen, wer sie sind, welche betrieblichen aber auch privaten Ziele sie haben, und wie sie ihr eigenes Potenzial optimal nutzen und das Potenzial der Mitarbeiter optimal aufbauen, einsetzen und weiterentwickeln. Positives Denken und Handeln, agieren nicht reagieren, konkretisieren und Ziele erreichen und sich auf das Wesentliche zu konzentrieren, sind Bausteine für erfolgreiches Selbstmanagement.

Unternehmer sollten interaktive Erfolgspotenziale erkennen und realisieren können. Der Betrachtungshorizont müsste permanent erweitert werden und Kernkompetenzen sollten über den praktischen Teil „kochen und servieren" auf den administrativen Bereich Marketing, Finanzierung, Erlös- und Kosten Soll-Ist-Vergleich, Zielformulierung und Zielrealisierung sowie Motivation gerichtet werden.

Das Wort „Unternehmer" birgt schon in sich, dass Unternehmer „unternehmen" und nicht „unterlassen", agieren und nicht reagieren. Unternehmer sind, wie ein Kapitän der das Steuer in der Hand hat und bestimmt, wohin die Reise geht. Schwierigkeiten könnten sich ergeben, wenn Unternehmer selbst nicht motiviert sind. Auch in schwierigen Zeiten obliegt es den Unternehmern, den „Karren zu ziehen" oder „das Boot zu schaukeln", sich selbst, die Mitarbeiter und Familienmitglieder zu motivieren. Ob man sich als Unternehmer schon ausgelaugt, müde oder leer fühlt, spielt in diesem Fall keine Rolle.

Motivation des Unternehmers

Die Meinungen unter den Motivationsphilosophen klaffen sehr weit in Kritiker und Befürworter auseinander und es sind sehr unterschiedlich gelagerte Meinungen vorherrschend.

Motivationstheorien
Der Mitbegründer der Humanistischen Psychologie Maslow hat das hierarchische Motivationsmodell, wo menschliche Bedürfnisstufen angeordnet sind, entwickelt. In der Motivationstheorie gibt es die These, dass der Einzelne ein integriertes, organisiertes Ganzes ist; so z.B. ist der ganze Mensch motiviert und nicht nur ein Teil von ihm, oder Essen stillt den ganzen Hunger und nicht nur den des Magens. Mo-

tivationskonzeptionen gehen von der Annahme aus, dass ein Motivationszustand ein besonderer, spezieller Zustand ist. Eine vernünftige Motivationstheorie sollte jedoch im Gegenteil von der Annahme ausgehen, dass Motivation konstant und ein universelles Charakteristikum ist.

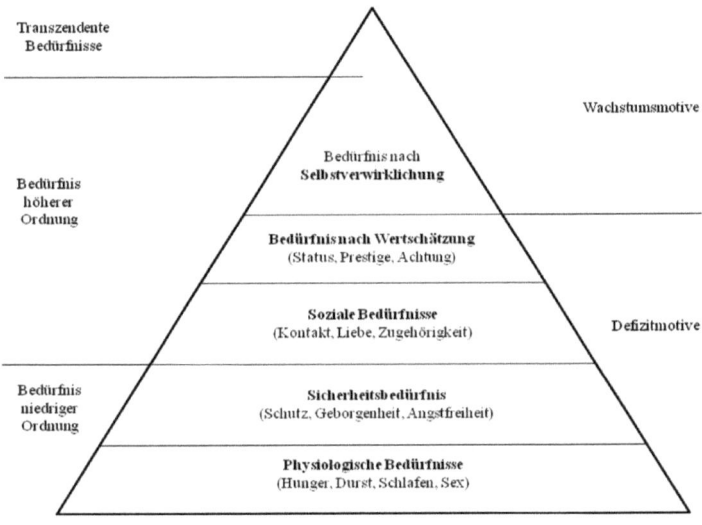

Quelle: MASLOW 1977: 89
Abbildung: Bedürfnis-Hierarchie-Theorie nach MASLOW

McGREGOR erweiterte diese Theorie um das Bedürfnis nach Selbstbestimmung und Unabhängigkeit. Die Theorie Y stellt den Menschen mit einem natürlichen Aktivitätsdrang zur Selbstverwirklichung dar, ganz im Gegensatz zur Theorie X, die den Menschen als faul, träge und nicht arbeitswillig darstellt.

Die Zwei-Faktoren-Theorie von HERZBERG enthält einerseits die Hygienefaktoren, welche als extrinsisch und monetär gelten, sowie die Motivatoren, die laut LIEBEL intrinsisch und als nicht-monetär zu betrachten sind. Intrinsische Motivation kann als Antrieb seiner selbst Willen verstanden werden, hingegen extrinsische Motivierung von äußerer Belohnung abhängt. Motivation enthält zwei Komponenten: Eine energetische Komponenten, den Antriebsaspekt und eine kognitive Komponente, den Richtungsaspekt.

Für SPRENGER sind oben beschriebene, klassische Motivationstheorien nicht mehr maßgeblich. Die Bedürfnispyramide nach MASLOW bezeichnet er als „abenteuerlichste Bedürfnis-Befriedigungs-Konstruktion, die sich schon längst als unhaltbar erwiesen hat, aber noch immer von Beratern weltweit als Schlüssel zur Mitarbeitermotivation zelebriert wird". Selbstmotivation (Selbstmanagement) von Unternehmern ist Voraussetzung für die „Motivierung von Mitarbeitern". Wer sich selbst zuerst gut motivieren kann, schaffte es auch, andere zu motivieren, ist SCHÄTZING überzeugt. Der Zustand aktivierter Verhaltensbereitschaft des Mitarbeiters kann als Motivation verstanden und als Beweggrund interpretiert werden, weil er an der Arbeit selbst (intrinsisch) interessiert ist. Motivationspsychologen fragen nach dem „Warum" und die Manager nach dem „Wie" ein Mensch motiviert werden kann.

Eine Steigerung des Zielerreichungsgrades könnte durch eine Steigerung der Mitarbeitermotivation erreicht werden, dass gemeinsame setzen von Zielen (Weg-Ziel-Ansatz), diese Ziele zu visualisieren und sie letztendlich in der vorgegebenen Zeit mit vorgegebener Messlatte zu erreichen. Eine Möglichkeit wäre Großartiges und Außergewöhnliches zu erstreben (visualisieren), um die gesetzten Ziele auch zu erreichen.

Mitarbeiter zu motivieren, kann aber ein großes Problem darstellen. Problem könnte das Menschenbild sein, dass Menschen freiwillig nicht das tun, was sie tun sollen, denn der Mensch neigt dazu, der Arbeit aus dem Weg zu gehen. Der Mensch muss unter Druck, Zwang, Strafandrohung und Kontrolle dazu gebracht werden, seinen Beitrag zur Erreichung der Ziele zu leisten, das ist der pragmatisch harte Ansatz von SPRENGER.

Motivation kann soweit gehen, dass sogar an den uninteressantesten Arbeitsplätzen Menschen durch ein ausgeklügeltes Konzept zu außergewöhnlichen Höchstleistungen motiviert werden können. Folgendes Konzept lag diesem Erfolg zugrunde:

Wähle Deine Einstellung:
Man hat immer die Wahl, wie man seine Arbeit machen will, auch wenn man sich die Arbeit selbst nicht immer aussuchen kann. Durch Beharrlichkeit, keiner

falschen Bescheidenheit und permanentem Lernen sowie persönlicher Weiterentwicklung erreicht man seine individuell hochgesteckten Ziele.

Spielen:
Den Job allerdings sollte man sehr ernst nehmen, denn er garantiert Lohn und Sicherheit, trotzdem sollte man viel Spaß an der Arbeit haben.

Bereite anderen Freude:
Freude machen heißt, jemanden mit einzubeziehen, ihm dadurch die ganze Aufmerksamkeit zuwenden. Es bleiben angenehme, positive und dauerhafte Erinnerungen im Gedächtnis.

Sei Präsent:
Nicht nur körperlich, sondern geistig anwesend sein und auf seinen Partner, Geschäftsfreund oder Kunden immer eingehen. Mit diesem Konzept wurden laut LUNDIN durch eine Abteilungsleiterin am Fischmarkt „Pike Place" eine demotivierte Abteilung namens „Giftmülldeponie" zu einer Musterabteilung umfunktioniert.

Motivation speist sich aus einer Fülle von Einflüssen, die großteils außerhalb der Arbeitssphäre liegen. So erscheint es schwierig und aussichtslos Mitarbeiter zu motivieren, wenn diese selbst schon unmotiviert sind. Zudem kommt, dass längerfristige Erwartungsenttäuschungen über informelle Kommunikationswege Gruppen bildende Haltungen in Form eines „Jammerzirkel" bilden und damit viele Mitarbeiter demotivieren.

Folgen der Demotivation

Menschen sind motiviert und man kann Motivation weder steigern noch kommt sie rechtzeitig. Wenn jemand nicht die erwartete Leistung bringt, hat ihn etwas demotiviert und durch Motivierung kann jemand nur noch tiefer in seine Unzufriedenheit gedrückt werden und es macht Sinn, die Gründe der Demotivation zu durchleuchten.

Folgen der Demotivation könnten vermehrte Krankenstände, Absentismus, hohe Mitarbeiterfluktuation oder als letztes Stadium sogar, innere Kündigung sein. Mitarbeitermotivation in der Praxis will nicht nur diesen Folgen entgegenwirken, sondern auch die Leistungsbereitschaft der Mitarbeiter erhalten, respektive steigern. Demotivierte Mitarbeiter kosten dem Unternehmen mehr Geld, als sie Leistung bringen. In extremen Fällen könnten demotivierte Mitarbeiter im Gastgewerbe sogar Gäste „vertreiben". Durch unfreundliche Bedienung oder schlechte Küche könnten Gäste abgehalten werden, das Wirtshaus jemals wieder zu besuchen. Unzufriedene Gäste betreiben sehr oft negative Mundpropaganda. Mitarbeiter sollten zu Mitdenkern,

Mitentscheidern und Mitträgern von Entscheidungen motiviert werden. Durch hoch motivierte Mitarbeiter können enorme Höchstleistungen erbracht werden, die wiederum zum monetären aber auch nicht monetären Unternehmenserfolg beitragen.

Es kann sich bewähren, die Mitarbeiter vor Arbeitsbeginn über das Privatleben zu fragen, Probleme zu diskutieren oder einfach nur zuzuhören. Erst wenn Mitarbeiter sich vieles „von der Seele reden" konnten, war sichtlich eine Leistungssteigerung merkbar.

Motivationsbeispiele aus der Praxis

Ich habe in meiner jahrelangen Tätigkeit im Gastgewerbe viele Beispiele in der Praxis erlebt, bei denen aus motivierten Menschen innerhalb kürzester Zeit innerlich gekündigte, demotivierte Aussteiger gemacht wurden. Dass Geld, finanzielle und materielle Zuwendungen sowie Incentives nur kurzfristig motivieren, ist häufig zu beobachten. In einem krisengeschüttelten Unternehmen mit Liquiditätsproblemen werden Mitarbeiter oft nur als Kostensenkungspotenzial und nicht als Humankapital betrachtet. Dies bedeutet oft freisetzen von Mitarbeitern. Kurzfristig können dadurch zwar Kosten eingespart werden, wenn sich jedoch eine wirtschaftliche Besserung im Unternehmen einstellt, könnten nicht mehr genügend gut ausgebildete

Fachkräfte vorhanden sein. Dass es neben der Freisetzung von Mitarbeitern auch noch andere Wege gibt, zeigen in der Folge zwei praktische Beispiele.

Beispiel 1 – Großes Leisten:

Um gute Mitarbeiter bei voller Stundenleistung im Unternehmen zu behalten, wurde mit diesen vereinbart, dass vorübergehend der Lohn um rd. 30 % gekürzt wird, um eine Liquiditätsstabilität zu erreichen. Die Mitarbeiter wurden angehalten, gemeinsam mit der Unternehmensführung Sparmaßnahmen zu erarbeiten. Durch das Ziel, das Unternehmen innerhalb einer definierten Zeitspanne zu stabilisieren und aus der Liquiditätskrise zu führen, entstanden eine Gruppendynamik und ein ungeahnter Zusammenhalt sowie eine Identifizierung mit dem Unternehmen. Dadurch wurden diese Mitarbeiter motiviert, sowie die Führungsebene wurde zu weiteren Zielfindungen angeregt. Durch die gemeinsame Sanierung wurden das Selbstwertgefühl, die Selbstachtung und die eigene Wertschöpfung der Mitarbeiter angehoben. Durch Anerkennung, Lob und Dank seitens des Unternehmers, aber auch der zufriedenen Gäste, wurde die Beziehung zum Unternehmen gestärkt. Den Mitarbeitern war die Lohnkürzung weniger wichtig, als das Bewusstsein, sehr Großes geleistet zu haben.

Beispiel 2 – MIT-Denker und MIT-Arbeiter:

In einem alteingesessenen Familienbetrieb war der Führungsstil des Senior-Unternehmers sehr autoritär und autokratisch. Durch diesen diktatorischen Führungsstil wurden Aufgaben und Arbeiten einfach nur noch „erledigt". Bei einigen Mitarbeitern gab es bereits eine innere Kündigung, die vom Senior-Unternehmer nicht bemerkt wurde. Durch die Übernahme des Betriebes durch den Junior-Unternehmer wurden Unternehmensführung sowie Führungsstil geändert, um die Effizienz der Leistung zu erhöhen. Ein kooperativer Führungsstil wurde angewandt, in dem einige Management by Techniken, wie z.B. Management by Objectives (MbO), Management by Motivation (MbM), Management by Results (MbR) eingesetzt wurden. Der „altvertraute" Führungsstil des Senior-Unternehmers hemmte anfänglich die Bereitschaft der Mitarbeiter, aktiv mitzuarbeiten. Lohnerhöhungen führten nur kurze Zeit zu zusätzlichem Leistungsansporn. Bald flachte die Leistung wieder ab, denn die zusätzliche finanzielle Belohnung wurde zur Normalität. Durch Vertrauensaufbau der jungen Führungskraft zu den Mitarbeitern sowie durch gemeinsame Vision, Zielfindung, Zielformulierung, Zielerreichung und Zielkontrolle konnten die Mitarbeiter zu enormer Leistungssteigerung motiviert werden. Das Selbstwertgefühl, die innere Stärke, das Gefühl gebraucht zu werden, Lob und Anerkennung haben diesen Motivationsschub bei den Mitarbeitern ausgelöst. Folge war, dass aus Mitarbeitern auch Mitdenker im unternehmerischen Sinn wurden.

Motivation in Familienbetrieben

Die schwierigste Aufgabe in Familienbetrieben ist die Motivation der eigenen Familienmitglieder, besonders dann, wenn in diesen nicht schon die innere Antriebskraft, der Eustress, vorhanden ist. Es spielen in Familienbetrieben neben betrieblichen Spannungen immer Emotionen mit. Probleme innerhalb der Familie sachlich, ruhig und vernünftig zu lösen, erweist sich oft als enorm schwierig. Disstress, der negative Stress, sollte vermieden werden, die Familienmitglieder sollten immer mit Respekt, Anerkennung und Wertschätzung behandelt werden.

Die Familienmitglieder, aber auch sich selbst, zu belohnen und zu loben, Freizeit zu nehmen um zu regenerieren, ist wesentlicher Bestandteil des Erfolges und der Motivation in Familienbetrieben. Zeitliche und auch räumliche Trennung zwischen Familiensystem und Betrieb ist sinnvoll und notwendig, um die familiär-emotionelle Struktur von der professionell-betriebswirtschaftlichen Struktur als Unternehmen sauber zu trennen. Nur durch harmonisch aufeinander abgestimmtes, gemeinsames Agieren können Familienbetriebe langfristig am Markt bestehen.

Eine besondere Herausforderung für Unternehmer ist, in Situationen zu motivieren, in denen man selbst demotiviert ist. Eine defekte Maschine, verspätete Lieferanten, erkrankte Mitarbeiter, Druck von Ämtern, Behörden und Inspektoren, lange Arbeitstage mit bis zu 16 Stunden, 6 oder 7-Tage-Woche oder Streit mit Familienmitgliedern dürfen Unternehmern nicht die Kraft zum Motivieren nehmen. Das Umfeld der Unternehmer ist geprägt durch „alltägliche Drogen". Alkohol, Nikotin, reichlich Speisen, die viel zu häufig zum Naschen einladen. Diesen Versuchungen standzuhalten und 260 Öffnungstage oder mehr motiviert zu sein, kostet sehr viel Energie. Selbst in solchen Situationen „müssen" Unternehmer immer die Kraft und Energie haben, andere Menschen, die für das Unternehmen wichtig sind, zu motivieren. Oft unterhalten sich Wirte mehr mit den Gästen, als mit eigenen Familienmitgliedern. Wirt und Wirtin arbeiten zwar im selben Betrieb, jedoch einer von beiden hat Frühdienst, der andere Spätdienst.

Dazwischen stehen Gäste, Kinder, Vertreter, Beamte von Kontrollbehörden, Lieferanten, Handwerker und noch viele andere Personen mehr. Über längere Zeit diesen multifunktionalen Anforderungen stand zu halten und den Herausforderungen gewappnet zu sein, bedarf eines hohen Energieeinsatzes. Aus eigener langjähriger Erfahrung kann der Autor abschließend feststellen, dass es sich lohnt, all diese multifunktionalen Anstrengungen auf sich zu nehmen, denn dass Bewusstsein „den Markt zu gestalten" und „sein eigener Herr zu sein", gibt auch Kraft und Energie weiterzumachen.

Softfacts – oder die Sache mit der Zeit

Neben den Erfolgspotenzialen Marketing, Kooperationen, Finanzierung und Erfolgsrechnung, Gewinn und Verlust sowie Unternehmensziele, die
eigentlich als Hardfacts eingestuft werden könnten, wurden die Softfacts mit Unternehmer oder
Unternehmerin bereits diskutiert. In dieser schnell-
lebigen und hektischen Zeit, wo der Mensch sich
immer mehr in die Anonymität begibt, werden die
Softfacts für Unternehmenserfolg immer wichtiger.
Unter Anonymität meine ich an dieser Stelle, dass
immer mehr Menschen für sich alleine via PC ein-
kaufen, die Bankgeschäfte erledigen, Reisen buchen,
sogar essen bestellen, dass sie dann alleine zu Hause in aller Eile verschlingen und noch vieles andere mehr. Was dem Menschen fehlt, ist das, was ihn
ausmacht, nämlich die Gesellschaft. Nichts ist mehr
wert als ein Erlebnis, das mit anderen Menschen geteilt werden kann. Erst dann bekommt das Erlebnis
oder Ereignis einen Wert. Leider passiert es immer
öfters, dass über die sozialen Netzwerke wie Facebook, Instagram und was weiß ich, was noch alles
auf den Markt kommen wird, dass sich Menschen
dort mitteilen. Die Adressaten sind dann nicht die
echten realen Freunde und Menschen, die uns um-
geben. Wichtig ist auch die soziale Anerkennung.

In der Arbeitswelt geht der Mensch als Individuum
immer öfter unter. Es fehlt die Wertschätzung und An-

erkennung. Der Mensch ist ein Herdentier und wird es immer bleiben. Oft schockiert mich der Gedanke, dass diese Abkapselung in und von der Gesellschaft ein gewollter Zug der Industrie und Politik sein könnte, um Menschen nicht miteinander kommunizieren zu lassen. So können die realen Probleme nicht in der Gesellschaft diskutiert werden. Die Medien senden Informationen, die von den Wirtschafts- und Politmächten gezielt gestreut werden. Mag als Verschwörungstheorie klingen, jedoch kann sich ja jeder und jede seine eigenen Gedanken darüber machen und kritisch hinterfragen. Wie der populärwissenschaftliche Physiker und Kabarettist Werner Gruber zu sagen pflegt: „Wer nichts weiß, muss alles glauben."

Zeit als kostbares Gut

Zeit kann durch nichts ersetzt werden. Ist der Tag vorüber, ist auch die Zeit weg und kann weder rückgekauft noch wieder durchlebt werden.

Jeder Mensch bekommt täglich 24 Stunden geschenkt, das sind 1.440 Minuten oder 86.400 Sekunden. Wenn jede Sekunde ein Moment ist, dann kann ich jeden Tag 86.400 Momente erleben (angenommen ich wäre immer wach). Je mehr der geschenkten Zeit genossen werden kann, desto schöner und besser das Leben. Ich würde mir wünschen, dass sich die Menschen beim Essen im Wirtshaus einfach mehr Zeit nehmen würden und diese Zeit nicht als schnellen Akt der Bedürfnisbefriedigung sehen würden. Was gibt es Schöneres und Wichtigeres, als im Wirtshaus, gemeinsam mit Freunden und Familie zusammen das Essen und die Getränke sowie das soziale Umfeld zu genießen?

Verlorener Umsatz oder Einnahmen können durch Fleiß, Sparsamkeit wieder wettgemacht werden. Fehlende Gesundheit kann durch Änderung der Lebensgewohnheiten, Ernährung oder durch mehr Sport wieder hergestellt werden. Fehlende Zeit ist für immer weg.

In meinen Kursen, Workshops und Vorträgen höre ich meistens, wenn ich über Controlling oder Kalkulation spreche: „Dafür hab ich keine Zeit …" Nur zur Info, jeder Mensch, ob Präsident, Papst, Arbeiter oder Bettler, jeder bekommt 24 Stunden pro Tag geschenkt. Was jeder aus dieser Zeit macht, das ist das große Problem. Keine Zeit haben heißt, keine Priorität haben. Alles, was für mich nicht wichtig genug ist, bekommt auch keine Zeit von mir. Ein durchdachtes und auch eingehaltenes Zeitmanagement ist enorm wichtig.

Nicht wie lange ich ein Problem bearbeite und löse ist letztendlich entscheidend, sondern in welcher Intensität ist ausschlaggebend. Viele von uns haben schon die Erfahrung gemacht, dass wir oft in kurzer Zeit, wo wir uns enorm konzentrieren können, sehr viel mehr erledigen, als wenn wir unkonzentriert und abgelenkt an den Problemlösungen scheitern. Lieber mal kurz eine konstruktive Pause, sich Zeit für sich selber nehmen und dann wieder aktiv arbeiten. Nicht umsonst heiß es ja: „In der Ruhe liegt die Kraft" und das kommt nicht von ungefähr. Nehmen Sie sich auch einmal Zeit für sich und ihre Familien, genießen Sie den Feierabend.

Eine kleine Geschichte zum Thema Zeit, die anregen soll, nachzudenken, was eigentlich wichtig ist. Denn Zeit zu nehmen und damit Priorität zu haben ist für den Menschen wichtig – immer wichtiger, auch wenn es momentan kein Geld bringt.

Nehmen Sie sich Zeit, um einmal über diese Geschichte nachzudenken:

Mein bester Freund öffnete die Kommodenschublade seiner Ehefrau und holte ein in Seidenpapier verpacktes Päckchen heraus. Es ist nicht irgendein Päckchen, sondern ein Päckchen mit besonderer Unterwäsche darin. Er warf das Papier weg und betrachtete die wunderschöne Seide und die Spitze. „Dies kaufte ich, als wir zum ersten Mal im gemeinsamen Urlaub waren. Das ist jetzt schon einige Jahre her. Sie trug es nie. Sie wollte es für eine besondere Gelegenheit aufbewahren. Und jetzt, glaube ich, ist der richtige Moment gekommen!"

Er näherte sich dem Bett und legte die Unterwäsche zu den anderen Sachen, die von dem Bestattungsinstitut mitgenommen wurden. Seine Frau war gestorben. Als er sich zu mir umdrehte, sagte er: „Bewahre nichts für einen besonderen Anlass auf! Jeder Tag, den du lebst, ist ein besonderer Anlass. Ich denke immer noch an diese Worte ... sie haben mein Leben verändert. Heute lese ich viel mehr als früher und putze weniger. Ich setze mich auf meine Terrasse und genieße die Landschaft, ohne auf das Unkraut im Garten zu achten. Ich verbringe mehr Zeit mit meiner Familie und meinen Freunden und weniger Zeit bei der Arbeit. Ich habe begriffen, dass das Leben eine Sammlung von Erfahrungen ist, die es zu schätzen gilt. Von jetzt an bewahre ich nichts mehr auf. Ich benutze täglich meine Kristallgläser. Wenn mir danach ist, trage ich meine neue Jacke, um in den Supermarkt zu gehen. Auch meine Lieblingsdüfte trage ich dann auf, wenn ich Lust dazu habe. Sätze, wie z.B. „Eines Tages ..." oder „An einem dieser Tage ..." sind dabei, aus meinem Vokabular verbannt zu werden.

Wenn es sich lohnt, will ich die Dinge hier und jetzt sehen, hören und machen. Ich bin mir nicht ganz sicher, was die Frau meines Freundes gemacht hätte, wenn sie gewusst hätte, dass sie morgen nicht mehr sein wird (ein Morgen, das wir oft zu leicht nehmen). Ich glaube, dass sie noch ihre Familie und engen Freunde angerufen hätte. Vielleicht hätte sie auch ein paar alte Freunde angerufen, um sich zu versöhnen oder sich für alte Streitigkeiten zu entschuldigen. Der Gedanke, dass sie vielleicht noch ins Wirtshaus essen gegangen wäre (zu den Wirtsleuten des Vertrauens), gefällt mir sehr.

Es sind diese kleinen unerledigten Dinge, die mich sehr stören würden, wenn ich wüsste, dass meine Tage gezählt sind. Genervt wäre ich auch, gewisse Freunde nicht mehr gesehen zu haben, mit denen ich mich „an einem dieser Tage" in Verbindung hätte setzen wollen.

Genervt, nicht die Briefe geschrieben zu haben, die ich „an einem dieser Tage" schreiben wollte. Genervt, meinen Nächsten nicht oft genug gesagt zu haben, wie sehr ich sie liebe. Jetzt verpasse, verschiebe und bewahre ich nichts mehr, was uns Freude und Lächeln in unser Leben bringen könnte. Ich sage mir, dass jeder Tag etwas Besonderes ist ... jeder Tag, jede Stunde sowie jede Minute und sogar jede Sekunde ist etwas Besonderes. Dieses Tantra kommt aus Nordindien. Ob abergläubisch oder nicht, nimm Dir einige Minuten, um über den Sinn nachzudenken? Es enthält ein paar Botschaften, die der Seele gut tun. Das ist ein Totem-Tantra, das Glück bringt. Behalte diese Botschaft nicht für Dich, sondern teile sie mit deinen Freunden.

An der Geschichte ist etwas Wahres dran – oder?

Entschleunigung

Zeit ist Geld – ist Unsinn. Zeit ist jede Sekunde unseres Lebens. Es bleibt immer weniger Zeit zum Genießen, weil die meisten Menschen mit den Gedanken schon beim nächsten Ereignis sind. Während dem Essen Zeitung lesen, mit dem Handy spielen oder im Netz surfen ist oft eine unangenehme Begleiterscheinung unserer Zeit. Wichtig wäre sich auf das zu konzentrieren, was ich gerade tue. Denn das ist zur Zeit das Wichtigste. Wenn ich esse, dann esse ich, und wenn ich arbeite, dann arbeite ich. Diese Einstellung zum Leben würde uns Menschen eine enorme Entschleunigung bescheren. Viel von uns haben schon die Erfahrung gemacht, dass wenn ich Zeit für mich selber habe und diese Zeit auch genießen kann, dass ich dann, wenn ich arbeite und, das konzentriert tue, viel schneller und effektiver mit der Arbeit fertig bin, als wenn ich nebenbei an viele andere Dinge denke und mich ablenken lasse. Ich muss nicht immer etwas tun, jedoch wenn ich was tue, dann sollte ich es mit voller Konzentration tun. So bin ich leistungsfähig und kann Probleme lösen. Je mehr Probleme ich im Leben löse, desto erfolgreicher werde ich.

Bei Gesprächen mit vielen Menschen bemerke ich immer wieder, dass sehr viele sich Entschleunigung in allen Lebensbereichen wünschen. Sie sagen, dass sie das auch realisieren. Die Praxis sieht da jedoch ganz anders aus. Letztendlich lassen sich dann sehr viele wieder in die Stressmühle pressen. Agieren statt reagieren ist ganz wichtig. Wenn ich reagieren muss, dann ist es sehr oft schon zu spät und ich bin der getriebene. Klar klingt es hier einfach und sehr gut. Ich selber berichte aus Erfahrung. Auch ich gleite manchmal vom Agieren ins Reagieren. Jedoch formuliere ich meine Ziele klar und prägnant und dann kann ich diese Ziele auch erreichen. Wichtig ist auf der Linie, dem Weg zu bleiben und wenn ich abdrifte, wieder zurückzufinden.

Entscheidungen

Entscheidungen sind sehr schwierig zu treffen. Entscheidungen müssen immer vorher getroffen werden. Im Nachhinein sind wir immer gescheiter. Wie oft heißt es: „Wenn ich das nur früher gewusst hätte" oder „hätte ich so entschieden..." Hätte, wäre, sollte, könnte. Das sind tolle Formulierungen, ändern jedoch an der Vergangenheit nichts mehr. Die Vergangenheit ist vorbei – unwiderruflich. Was zählt, ist die Zukunft. Zukunft zu steuern, heißt Entscheidungen zu treffen. Viele meiner Entscheidungen waren nicht immer richtig.

Was ich gelernt habe, ist aus den Fehlentscheidungen zu lernen und es in der Zukunft einfach besser zu machen. Der altbewährte Spruch: „Aus Fehlern lernt man" ist sicher ganz richtig am Platz. Leider ist es so, dass wer aus Fehlern nichts lernt, diese Fehler so lange wieder machen muss, bis er es ändert.

Trauern, um die gute alte Zeit?

Wie oft höre ich: „Früher war alles besser …ja die gute alte Zeit …" Für mich stellt sich daher die Frage: War die frühere Zeit besser, schöner, einfacher, chilliger? Und wann war denn überhaupt die gute alte Zeit? Ich lade Sie auf eine kleine Zeitreise ein. Folgen Sie mir in die Zeit meiner Eltern, mein Vater, geboren 1917 und meine Mutter, geboren 1935.

Mein Vater war eine Generation des Zweiten Weltkrieges. Er hat die beste Zeit seines Lebens im Krieg verbringen müssen. Ob diese Zeit schön war, das brauche ich gar nicht zu überlegen. Jeder kann sich etwas Schöneres vorstellen, als in einer Zeit aufzuwachsen, in der in Europa Krieg, Mord, Elend und Leid herrschte. Und auch nach dem Krieg herrschte zuhause Not und Elend: kaputte Häuser, zerstörte Stallungen und kein Geld, zerrüttete Familien. Gearbeitet wurde an sieben Tagen in der Woche und von einem Achtstunden-Tag war gar keine Rede. Nicht einmal träumen wollte man davon. Damals waren sehr viele Unternehmen kombinierte Betriebe. Das heißt, bei uns gab es eine Landwirtschaft mit einer kleinen Forstwirtschaft, ein Kaufhaus – so ein richtiger kleiner Greißlerladen – wo alles, aber wirklich alles verkauft wurde. Und dann gab es noch eine Trafik. Wir verkauften neben Zigaretten auch Stempelmarken, die damals für Verwaltungszwecke benötigt wurden. Und natürlich war da noch das Wirtshaus. Die Öffnungszeiten des Wirthauses waren gleich wie die Öffnungszeiten der Trafik und der Greißlerei. Das bedeutete, dass das Wirtshaus schon um sechs Uhr am Morgen aufsperrte und bis Mitternacht – auch Sonntag – geöffnet hatte. Wenn ich heute mein Wohnzimmer der Kindheit beschreiben müsste, dann müsste ich unsere Gaststube beschreiben. Denn da bin ich aufgewachsen.

In den boomenden 1960er, 1970er und 1980er-Tourismusjahren mussten Zimmer gebaut werden. Teile des Stalls wurden zu Gästezimmern und es wurde jedes Schlupfloch vermietet. Wasser am Gang reichte aus, geduscht wurde in einer Gemeinschaftsdusche – Gäste und Familienmitglieder. Oft reichten die Gästezimmer nicht aus und so wurden kurzerhand während der Ferienzeit auch die Kinderzimmer geräumt. Die Eltern schliefen oft im Wohnzimmer. Ich durfte als Kind auch am Dachboden schlafen. Das freute mich, denn da konnte mich niemand kontrollieren, wie lange ich am Abend aufblieb. Fernseher, Handy oder Tablet gab es leider noch nicht. Vielleicht war diese Zeit für meinen Vater damals schön. Aber leider konnte mein Vater nicht mehr vom Aufbau und den Erfolgsjahren erleben. Er verstarb 1978 viel zu früh. Gerne hätte ich mir mehr von seinen Geschichten angehört.

Als mein Vater verstarb, war ich erst elf Jahre alt und in den darauf folgenden Jahren fragte ich mich des Öfteren, warum gerade ich nicht so viel Zeit mit meinem Vater verbringen konnte. Fragen, auf die es keine Antworten gibt. Ich glaube, das war der Moment, als ich mich damit abzufinden begann, dass Dinge im Leben, die ich nicht ändern kann und auf die ich keinen Einfluss habe, mich weder ärgern noch grämen soll. So wie es ist, so ist es. Ob ich nun traurig, zornig, aggressiv oder depressiv bin, ändert nichts an Tatsachen. Dinge, die passieren, sollte man daher einfach hinnehmen, daraus lernen und sich verändern, verbessern und entwickeln.

Zurück zu meiner Mutter. Auch sie wurde in eine Zeit geboren, in der Zeit eine andere Rolle spielte als heute. Neben der Arbeit und dem Aufbau der Wirtschaft kümmerte sie sich um drei Kinder. Ich selbst war ein Nachzügler, der Sohn und der Nachfolger. Mir wurde permanent eingetrichtert: „Du wirst einmal in Papas Fußstapfen treten und zu Hause den Betrieb übernehmen!" Für einen jungen Menschen ist es der blanke Horror mit der Gewissheit aufzuwachsen, dass der eigene Lebensweg genau vorgezeichnet ist.

Entbehrungen, enorm viel Arbeit und ganz wenig Zeit für sich selbst prägten das Bild der damaligen Generation. Auch das meiner Mutter. Oft erzählte sie: „Wir haben die Kinder so nebenbei einfach herausgesch… und dann haben wir gleich wieder weiter arbeiten müssen." Trotzdem meint sie, dass diese Zeit eine schöne Zeit war und heute alles anders und stressiger sei. Vielleicht mag sie recht haben. Vieles hat sich geändert.

Alleine die Geschichten darüber, was früher gegessen wurde, lässt die Nackenhaare aufstehen. In der heutigen Zeit wäre eine solche Ernährung undenkbar. Insbesondere in unseren Kulturkreisen. In China würde es noch ganz gut funktionieren oder waren die Menschen damals unserer Zeit ernährungsmäßig schon etwas voraus.

Wegwerfen von Nahrungsmitteln ist und war für meine Mutter ein absolutes No-Go. Das galt übrigens für die damalige gesamte Generation. So hat sie mir oft, und dann auch noch ihren Enkelkindern, folgende Geschichte erzählt: „Wir waren neun Kinder und mein Vater war ein armer Arbeiter. Wir konnten uns nicht viel leisten. Zum Glück war Vater Jäger und konnte uns immer etwas erlegtes Wild aus dem Wald bringen. Fleisch war extrem teuer und ganz selten am Teller. Leider gab es nicht immer begehrtes Reh-, Hirsch- oder Hasenfleisch. Oft konnte er nur einen Fuchs fangen. Einen Fuchs zu essen, käme heute niemanden in den Sinn. Außerdem ist ein Fuchs Aasfresser und das Fuchsfleisch eigentlich ungenießbar. Not macht aber bekanntlich erfinderisch. So hängte Papa den Fuchs für ein oder zwei Wochen in den kalten Bach, der beim Haus beruhigend vorbei plätscherte. Um das Fleisch auszuwässern und den penetranten Geschmack heraus zu bekommen. Auf meine Frage, ob das Fuchs-fleisch auch geschmeckt hat, wusste meine Mutter nach den vielen Jahren leider keine Antwort mehr.

Geschlafen hat meine Mutter im Stall, im Heu bei den Kühen und Schafen und Ziegen. Kaum aus der Volksschule musste sie arbeiten gehen, denn zu Hause reichte das Geld nicht aus, um alle neun Kinder gut zu versorgen. Arbeit war rar und so musste meine Mutter, eine der älteren Kinder, auf einem Bauernhof hoch in den Bergen Ziege und Schafe hüten. Im Stall, wo auch Kühe übernachteten, durfte sie dann im Heu übernachten, das war weich und warm. Sicherlich Erfahrungen, die heute fast niemand mehr macht. Hinterher betrachtet ein Erlebnis.

Heute könnte da eine Marktlücke geschlossen werden. Schlafen im Heu bei den Kühen. Der Preis dürfte nicht zu tief angesetzt werden, denn dann würde das Erlebnis nichts wert sein. Gratis W-LAN ist natürlich auch notwendig, damit ich die Bilder sofort bei Facebook posten kann. Zum Essen gab's Brot. Das wurde oft nur einmal pro Monat gebacken. Natürlich war das bald hart und schimmlig. Das tat dem Appetit jedoch keinen Abbruch. Die Lösung war das trockene harte verschimmelte Brot in die frisch gemolkene kuhwarme rohe Milch zu brocken und zu löffeln. Satt wurden wir immer, meint meine Mutter ganz trocken. Gute alte Zeit. In China und im asiatischen Raum sind Maden und

Würmer eine beliebte Delikatesse. Bei uns rufen diese Nahrungsmittel oft ein Würgegefühl hervor. Das tut auch die Geschichte vom Schinken und Speck, die mir meine Mutter schon oft erzählt hat.

Wenn es Schweinefleisch gab, und das war selten, so musste das auch konserviert werden, um in warmen Zeiten, wo Fleisch nicht so ohne Weiteres gelagert werden konnte, zur Verfügung stand. So was wie ei-nen Kühlschrank gab's noch nicht und Fleisch zu vakuumieren war noch nicht erfunden. Eine alte Art Fleisch haltbar zu machen, ist es zu trocknen. Zuerst muss das Schweinefleisch jedoch gepökelt, wir in Kärnten sagen dazu „g'surt" werden. Nas-spökeln war eine verbreitete Methode, die es heu-te noch bei dem einem oder anderen Landwirt gibt. Ich durfte das Gott sei Dank noch erleben und bei meinem Nachbarn Sepp Schweine schlachten und diese dann auch zu allerlei gutem Essen verarbei-ten. Die Herkunft vom Schweinefleisch war da noch ganz eindeutig. Eine Manipulation gänzlich ausge-schlossen. Beim Pökeln wurde das Schweinefleisch je nach Hausrezept mit Salz, Pfeffer, Lorbeeren, Wacholder und Knoblauchwasser schichtenweise in ein Fass oder Bottich geschlichtet, wo es einige Zeit aufbewahrt, und gewendet wurde, damit der Geschmack in das Fleisch einziehen kann. Luftdicht sollte es verschlossen sein, damit es nicht verderben konnte. Geschlachtet wurde in der kalten Jahreszeit, meistens im November, Dezember, Jänner oder Februar. Da war die Temperatur kalt genug, um das Fleisch lange lagern zu können. Nichtsdestotrotz gab es dann auch immer wieder warme Tage, auch in den Monaten November bis Februar. Fliegen gab's früher, so wie heute auch noch. Nur damals gab es Milliarden an Fliegen mehr auf den Bauernhöfen. Ein wahrlich leckeres Festessen für Schwalben.

Gott sei Dank gibt es heute weniger Fliegen, denn Schwalben dürfen in Ställen nicht mehr nisten. Diese Fliegen neigen dazu, Eier in vorzugsweise frisches Fleisch zu legen. So geschah es auch ein paar Mal, dass das Fleisch aus dem Bottich oder dem Fass ragte und Fliegen nutzen den Moment und legten ihre Eier in das aus der Sur liegenden Fleisch. So entwickelten sich Maden, die mit der Zeit an der Oberfläche des Fasses im Surwasser schwammen. Damals kein Grund das teure, seltene, begehrenswerte Fleisch wegzuwerfen. Meine Mutter neigt dazu alles in einfachen Worten zu beschreiben. So klangen ihr Ausführungen: „Wir haben die Maden einfach mit der Hand abgeschöpft und auf den Misthaufen geworfen. Es hat uns schon ein bisschen gegraust, jedoch die Maden mussten wir eh nicht mitessen. Wir waren froh, dass wir überhaupt unseren Magen voll bekommen konnten." In der guten alten Zeit durften keine Lebensmittel Kontrolleure unterwegs sein, die wären überfordert gewesen.

Seinerzeit im Wirtshaus

Wias amol woa

Die Seniorwirtin vom Kirchenwirt in Finkenstein am Faaker See erinnert sich:

Neben der spätgotischen Pfarrkirche St. Stefan, die von Meister Jörg aus Klagenfurt erbaut wurde, entstand im Jahre 1672 das Haus „Krameritsch Keusche". Im Wandel der Zeit wurde das alte Gemäuer immer wieder umgebaut, renoviert, es wurde dazu- und neugebaut. In der Gaststube ist noch eine mehr als 200 Jahre alte massive echte Kärntner Holzdecke zu finden, die die Künste der damaligen Zimmerleute bestätigt. Im Gästezimmer zeugt eine von Gregor Graber (1872-1961) gemalte Decke „Vier Jahreszeiten" von der künstlerischen Ader der Familie. Wie es früher so üblich war, gab es bei jedem Hof eine Landwirtschaft. Diese wurde in den 60er Jahren aufgelöst. Das von Johann Graber (1845-1912) bereits 1894 betriebene Kaufhaus, ein richtiger „Kramerladen", musste im Jahre 1989 leider den großen Einkaufszentren weichen. Die Familie Graber bewirtet den Kärntner Gasthof seit mehr als sechs Generationen und feierte im Jahre 2005 das 333-jährige Bestandsjubiläum. Heute versuchen die Wirtsleute Gabi und Ludwig Graber mit der ganzen Familie Tradition und Althergebrachtes aufrechtzuerhalten, und mit Trends und

Neuerungen in harmonischen Einklang zu bringen. Margaretha Graber, von allen eigentlich liebevoll nur „Oma" genannt, ist nun schon seit 57 Jahren in der Kirchenwirt-Kuchl tätig. Heute wie damals schwingt sie den Kochlöffel und sorgt für gute deftige und ehrliche Hausmannskost – oder sollte man lieber sagen: „Hausfrauenkost?" Damals ist die junge Gret'l Messner aus Griffen als 17jährige „junge Gitschn" – wie sie selber sagt - nach St. Stefan, in der heutigen Marktgemeinde Finkenstein am Faaker See, gekommen. Ziel war die „Krameritsch Keusche", gleich neben der Pfarrkirche St. Stefan. Das alte Haus mit angeschlossener Landwirtschaft und einem Greißlerladen sowie einem Gasthaus. Wo die Liebe so hinfällt hat sie sich in den Wirt Ludwig Graber verliebt und es wurde auch bald geheiratet. Damals war das Leben als „junge Frau" am Hof sehr schwer.

„Mei Vota hot domols an Fuchs in Boch eine ghenkt, damit ma a Fleisch zan essn hom. Auswassan homma ihn miassn, damit der nit so bitter schmeckt. Froh woa ma, dass ma wos zan essn ghobt hom." „De olt'n Weiba vom Hof woan gonz schen schlimm zu den Jungen Leut`n. Do hots ka zurück redn geben – nit so wia hait – do homma glei a poar obgramt", meint Gret'l Graber.

In den Gesprächen werden alte Erinnerungen wieder wach und „Oma" überschlägt sich förmlich mit den Erzählungen:

„Am Nochmittog homma des Gosthaus zuagsperrt und san aufs Föld gonganz. Mahn, Heign, Tschompe erntn oda anfoch den Männern hölfn. Gekocht homma jo a jeden Tog, und des Essn homma aufs Föld getrogn. Leibspeis domols woan de Tschompnjak mit Nöcklce (Erdäpfelnus mit Eiernockalan), weil des Essn is long woam geblieben." „Fleisch hots domols jo fost goa kans geb'n. Woa zu teuer und wenn ans do woa, hom des imma e Männer kriagt. Mia woan domols noch froh, dass ma an Monn ghobt hom, wal de hom für uns gsurgt."

Die Vorschriften die es heute gibt (z. B. HACCP Hygienebestimmungen), die kannte man damals noch nicht. So erinnert sich Gret'l:

„Des Brot woa oft schon zwa Wochn olt, stanhoat und a vaschimmelt. De Oltn hom gmant, dass ma den Schimmel lei fest ess'n solln, wal do kriag ma a gonz schöne Stimm." „Den Speck homma anfoch abbürsten müssn, damit da Schimmel obageht. G'stuabn samma derwegn oba a nit. Gott sei donk gibt's des heut nimma. Des Leb'n im Wirtshaus woa sehr gsellig. Singan, Musizieren oda anfoch nur zomsitzn und redn hot uns domol sehr fül Spaß gmocht." „Heute muas ma jo jedn sogn, wos er zan tuan hot. Von sölba tuat kana mehr etwos mehr. Domols homma echt fül oabeitn miasn. Fünfzehn oder Sechzehn Stund am Tog woa gonz normal und des an siebn Tog in da Woch'n. Urlaub homma mia kann gebraucht, wal mia homma gern goabeitet. Oba den Stress den de Jungan Leut heute hom, den homma mia nit ghopt. Mia woa ma sicha vül zufriedener als de Leut von Heut und des hot uns a zsomg'schwast. Zomgholt'n homma mia fül mehr als des heute da Foll is."

Die Landwirtschaft musste aus wirtschaftlichen Gründen aufgelöst werden und es blieb das Gasthaus und das Kaufhaus. Erinnerungen an das Kaufhaus beschreibt Gret'l:

„Wenn i so zruckdenk auf unsan Kramerlod'n. Um sechse in da Frua san schon de erstn Oabeita kumman. A Jaus'n und a Bier kafn, füan longan Tog. Und a Bier oda a Frackale Schnops hot da ane oda ondare in da Frua schon obekhaut."
„Des Gschäft woa jo offn so long mia do woan. Ob Zmittog, obends oda a am Sunntog noch da Mess, des woa lei wurscht."
„Eingekaft homm de meistn auf „Biach'l". Do is olles zomgschrieben wurdn, und am Monatsende hot de Hausfrau Hausholtsgeld vom Monn kriagt und is donn olles zoln kumman." *„Donn wia de Touristen kumman san, homma für die Vermieter alles besurgt wos da Kunde sich so gwunsch'n hot. Von Nägel über Schmiersafn, Lebensmittel, Bettwäsch und Spielzeug für die Frotzn. Des wos mia ghobt hom, des findest heut nit amol im grössten Supermarkt",* prahlt die Graber-Oma. *„Um Mitternocht homma noch de Leut getröstet, wenn's an Moralischen ghobt hom. De san donn imma zu uns ins Gosthaus blärrn kumman. De Frauen hom donn am nächsten Tog mit uns gschimpft, wal ma de Männer nit hamgstabt hom. Woa oft schon mühsom. Noch da Oabeit uma Fünfe san imma vüle auf a Bier kumman, um sich a bisale Luft zum moch'n. A Bierle, an Koat'ntippla und a bisale üban Schef schimpfn — und donn san se ham gongan und daham woa donn von da Oabeit olles vagessn. Heute nimmt jeda sein Frust von da Oabeit mit Ham und de Familie leidet oba drunta."*

Leider musste das Kaufhaus den großen Einkaufzentren, die im Stadtgebiet Villach entstanden sind, weichen. Es blieb das Gasthaus „Kirchenwirt" übrig.

Vergleicht man die Zeit Damals mit Heute, beschreibt Oma die Veränderungen folgendermaßen:

„Viele Menschen heute wissn niama, mit wölchn Finga in A...... De meisten homm eh olles und san so unzufrieden. Jeda konn sich so olles leisten wos er will und noch imma is olles zwenig. I bin gonz schen froh, dass i in so ana Zeit aufg'wochsn bin und nit haite. De Oabeitsmoral ist gonz noch untn gsunken und wals den Leutn zu guat geht, wüll kana mehr füan ondarn so richtig etwos tuan. Jeda is nur mehr für sich alan – a jo – sei Handy hot er jo a noch."

In Erinnerungen jung geblieben, erntet die 81-jährige Graber-Oma noch immer am frühen Morgen Kräuter aus den eigenen Gärten und steht am Herd, um Gäste mit traditioneller Hausmannskost mit erntefrischen Gartenkräutern zu verwöhnen.

Jeder kann auf die gute alte Zeit zurückschauen

Die Belastungen waren früher eher körperlicher Art. Heute ist die Belastung eher auf psychischer Ebene zu finden. Noch nie hatte die Menschheit so viel Zeit für sich selbst und noch nie war die Menschheit so unzufrieden. Es fehlt an den Grundwerten: Kontakt zu anderen Menschen, Geselligkeit und Menschlichkeit. Es fehlt vielleicht das Feierabend-Bier (kann natürlich auch jedes andere Getränk sein).

Von welcher guten alten Zeit sprechen wir denn nun? Ich kann meinen beiden Söhnen auch schon von der guten alten Zeit erzählen: Wir spielten auf einer unasphaltierten Straße, die von den frei herumlaufenden Hühnern voller Hühnerdreck waren jeden Tag „Völkerball" und durften nach Hause kommen, wenn es dunkel wurde. Wer Völkerball nicht kennt, das ist ein Ballspiel wo die Mitspieler mit dem Ball getroffen werden müssen und danach das Spielfeld zu verlassen haben, um die Mitspieler, die sich noch im Feld befinden, mit dem Ball zu treffen. Im Sommer hatte ich das Vergnügen, meine Spiele auf der Straße, im Wald und auf der Wiese zu unterbrechen, um den Geschirrspüler im Wirtshaus ein- und auszuräumen. Als Ausrede für meine Freunde schlug ich ein Versteckspiel vor: Während ich mich versteckte und mich die anderen suchten, rannte ich nach Hause, machte meine Arbeit und ließ mich dann von meinen Freunden finden. Kreativ – oder?

Eine weitere beliebte Freizeitbeschäftigung war das „Ausrichten von Telefonanrufen". Gemeint ist damit, dass wir in unserem Dorf das erste und einzige Telefon hatten. Wenn jemand angerufen wurde, dann rannte ich zur Familie und meldete den Telefonanruf.

Die Leute gingen dann zu uns und warteten auf den Anruf. Oder eine andere Episode: Wir waren jahrelang die Ortsfeuerwehr. Die Sirene auf unserem Dach zeugt heute noch davon, wenn die Trompeten geblasen werden. Alle diese kleinen Geschichten haben die Menschen verbunden und zusammengehalten. Es konnten Geschichten und Erlebnisse erzählt und geteilt werden. Face-to-Face mit allen Emotionen. Es trat eine gewisse Art der Befriedigung mit ein. Vielleicht war das die gute alte Zeit? Es kam dann zu einem Wandel in der Gesellschaft. Aber hat sich die Gesellschaft nicht immer schon verändert? Und sie verändert sich noch immer. Das ist gut so, sonst würden wir noch immer Beeren sammeln und Blätter essen. Das Leben birgt immer Veränderungen in sich. Die Menschen neigen dazu, vor Veränderungen Angst und Respekt zu haben. Wenn man nicht weiß, was auf einen zukommt, kann das beunruhigend sein. Was vergangen ist, das hat man erlebt und behält es angenehm in Erinnerung. Das Unangenehme wird verdrängt. Was am Ende bleibt, ist die Erinnerung – an die gute alte Zeit.

6-Tage-Generation

Heute möchte ich mich ganz schlicht und einfach als eine 6-Tage-Generation bezeichnen. In der heutigen Zeit ein Phänomen, das kaum denkbar ist, jedoch noch oft praktiziert wird – werden muss. Warum, dazu noch später. Als ich der Volksschule war – und da fällt mir ein, dass ich heute noch sehr froh darüber bin, dass ich nicht in den Kindergarten (mittags zu schlafen war für mich ein No-Go) gehen musste – begannen wir mit einer 6-Tage-Woche. Samstag war immer nur bis zu Mittag Unterricht und oft hatten wir nur drei oder vier Unterrichtsstunden. Trotzdem war der Tag als Schultag zu betrachten. Auch in den vier Jahren der Hauptschule hatten wir sechs Tage Unterricht, auch in der Handelsakademie und natürlich auch in der Hotelfachschule. Lediglich im Maturajahr, in Deutschland im Jahr des Abiturs, da durften wir gnadenhalber am Samstag zu Hause bleiben. Uns wurde suggeriert, wir brauchen den Samstag, um für die Matura/Abitur zu lernen.

Die Sechstagewoche galt nur für Schüler, denn die Lehrer haben immer nur fünf Tage pro Woche unterrichtet. Mir und alle anderen, die sechs Tage arbeiten mussten, wurde pragmatisch betrachtet, ein Tag in der Woche gestohlen. Der Mensch hat heute einen Tag mehr pro Woche zur freien Verfügung, als wir das zur damaligen Zeit hatten. Das wären pro Monat vier Tage, in einem Jahr ca. 40 Tage und bei neun Pflichtschuljahren schon 360 Tage – also ein ganzes Jahr. Da sind die Jahre in den berufsbildenden Schulen und die Zeit beim Bundesheer oder Bundeswehr und beim Zivildienst noch nicht einmal dazu gerechnet. Die gute alte Zeit.

Zum Schluss: Ein Ausblick

Wer in Zukunft erfolgreich in der Gastronomie tätig sein möchte, der kann dies nur mit sehr großen und persönlichen Einsatz – wie auch schon in der Vergangenheit. Keineswegs ist da ein Widerspruch, zu dem was ich in vergangenen Abschnitten erzählt habe. Fleiß, großer und persönlicher Einsatz muss nicht unbedingt mit viel investierter Zeit einhergehen. Zeit kann sehr sinnvoll, jedoch auch sehr verschwenderisch eingesetzt, vertrödelt werden.

Wer hat selbst noch nicht am eigenen Leib erfahren, dass wenn wir etwas erledigen müssen und das unkonzentriert getan haben, dass da eigentlich nicht viel, ja eigentlich gar nichts weitergeht. Ein anders mal gehen wir ausgeruht, konzentriert und höchst motiviert an ein Problem oder an die Arbeit, und siehe da, alles läuft wie am Schnürchen. Habe ich das letzte Mal enorm viel Zeit in diese Arbeit investiert, dann brauche ich dieses Mal viel weniger Zeit aufwenden. Ich selbst bin davon überzeugt, dass wenn du es eilig hast, es besser ist, sich langsam zu bewegen. Oft ist es besser einen Gang zurückzuschalten, um dann mit voller Kraft neue Aufgaben zu lösen, um wieder ein Stück Erfolg mehr zu haben und auf der Überholspur zu bleiben. Oft hört man das „selbständig" sein heißt: „Arbeite selbst und ständig". Diese Meinung teile ich nicht ganz. Sicher ist der Job als Wirt nicht vergleichbar mit der Arbeit eines Beamten. Von regelmäßigen Zeiten oder Wochenenden und chilligen Abenden sind wir weit weg. Der Dienstnehmer oder Mitarbeiter arbeitet mit und nimmt den Dienst so, wie es der Unternehmer anordnet (im Rahmen der gesetzlichen Regeln). Wenn der Unternehmer sich keine Zeit nimmt oder nehmen kann, geben wird sie ihm keiner. Sei Herr über deine Zeit, das ist so meine Devise.

Mein Tipp: Mach Dir Gedanken über Deine eigene Zeit. Zeit ist alles, jeder Tag, jede Stunde, jede Sekunde, jeder Moment. Zeit ist das Wichtigste auf der Welt. Zeit ist in Geld nicht aufzuwiegen.

Erfreust du dich nicht der vollen Gesundheit, dann halte Dich ein, schaue auf deinen Körper und höre auf dein Innerstes, lebe gesund mit Bewegung und Disziplin, dann sollte die Gesundheit wieder zurückkommen. Hast du Umsatz verloren, dann veranstalte ein paar zusätzliche Events, kulinarische Highlights oder sei aktiv im Marketing und der Umsatz kann wieder aufgeholt werden. Hast du etwas nicht erlebt, dann versuche dieses Erlebnis mit deinen Freunden wieder zu erleben. Versuche einmal, wenn du keine Zeit für die Hochzeit deines Kindes hattest, diese Zeit und dieses Erlebnis zu kaufen.

Wirte müssen Nischen und Nischenprodukte erkennen und realisieren, wie man sich von der breiten Masse abheben kann, um dadurch Marktvorteile zu schaffen. Wichtig ist auch, den Markt und das Gästeverhalten zu beobachten. Trends erkennen und AGIEREN statt reagieren. Wer immer nur reagiert, der ist dem der agiert immer hinten nach. Ein Pionier auf einem Gebiet zu sein, kann Vorteile mit sich bringen. Man hört oft, der frühe Vogel fängt den Wurm. Das hat durchaus seine Berechtigung. Alles andere sind dann eigentlich nur Kopien. Eine gute Strategie kann es auch sein, die Ideen anderer schnell aufzugreifen und umzusetzen. Die Anfangsfehler, die vom Pionier gemacht wurden, schnell zu beseitigen, eine Strategie erarbeiten und dann schnell, zielgerichtet und nachhaltig seinem Ziel entgegengehen. Der Weg ist das schwierige, denn nur mit großem Durchhaltevermögen und Energie kann ein gesetztes Ziel erreicht werden. Ein Ziel ist dann erreicht, wenn ich wirklich dort angelangt bin. Meist sind es ja mehrere Ziele, sodass wir eigentlich immer ein Ziel, ein neues Ziel haben sollten.

Mein Tipp: Wenn du das tust, was alle tun, dann hast du auch das, was alle haben. Schwimme auch einmal gegen den Strom.

Wenn ich heute auf einen Berg gehen will, um den Gipfel zu erklimmen, dann sollte mein Ziel klar sein. Ich will heute auf den Mittagskogel in den Karawanken, gehe um fünf Uhr früh weg und möchte die Vormittagssonne genießen. Das Ziel, den Gipfel habe ich nur erreicht, wenn ich auch dort angekommen bin. Nicht 20, 10 oder einen Meter davor. Nein. Kann ich das Gipfelkreuz angreifen oder mich ins Gipfelbuch eintragen, erst dann ist mein Ziel erreicht. So verhält es sich auch im Unternehmerleben.

Aber Achtung! Selbst gesetzte Ziele zu erreichen, ist wichtig. Wir wissen auch, dass Ziele klar formuliert werden müssen. Zielausmaß, Zieldimension, Zielzeitpunkt und noch vieles andere mehr sind klar definiert. Wie das Leben so spielt, sind Ziele auch nicht statisch und ändern sich. Niemals einfach die Augen zu und durch.

Das kann passieren, wenn ich das Ziel schon kurz vor den Augen habe. Bin ich am Berggipfel kurz vor dem Gipfelkreuz und es zieht ein brutales Gewitter auf (zur Info für alle Flachländer: Ein Wetterumschwung kann in den Bergen extrem schnell gehen und sehr gefährlich und bedrohlich beim Abstieg sein, denn nach Hause sollte ich ja auch noch kommen), dann ist es besser umzukehren, als kompromisslos dem Gipfelkreuz entgegen zu gehen. Eine Zielfixierung kann sich bedrohlich auswirken und schwerwiegende Folgen haben. Im Fall unseres Gipfels kann es sogar das Leben kosten, nicht nur das eigene, sondern auch das der Bergkammeraden. Im Wirtschaftsleben kostet es zwar nicht das Leben, jedoch kann es extreme wirtschaftliche Folgen haben, finanzielle Einbußen bescheren bis hin zum Konkurs reichen.

Eine Zielkorrektur ist durchaus legitim und oft auch notwendig. Eine Zielfixierung darf nicht kompromisslos angestrebt werden. Wichtig ist auch, einen Umkehrpunkt zu fixieren. „Koste es was es wolle" ist hier der falsche Ansatz. „Das wird schon gut gehen" oder „Das haben wir noch immer geschafft" oder „Es muss einfach klappen" sind realitätsfremde formulierte Wünsche, die oft bei einer knallharten Zielfixierung zu beobachten sind. Oft ist das eingesetzte Kapital oder die eingesetzte Zeit hoch und keiner möchte Verluste erleiden.

Wir müssen weg vom Jammern und hin zum Lösungsdenken. Wer Probleme schnell und gut löst, wird immer erfolgreicher. Ein sehr effizientes und konsequentes Zeitmanagement ist notwendig, um die eigene Zeit zu planen und den Plan einzuhalten. Die Zahlen im Unternehmen kennen, permanent beobachten und kontrollieren gehört zu den täglichen Aufgaben. Eine präzise Kalkulation und permanente Nachkalkulation und Kostenrechnung sind das Fundament eines erfolgreichen Kaufmannes und einer erfolgreichen Kauffrau.

Mut zu Taten

Ruhe und Stillstand ist etwas, was Unternehmen nicht kennen – nicht kennen dürfen. Nicht zu verwechseln mit der eigenen Ruhe, die man schaffen und haben muss, um die dynamischen turbulenten Zeiten in Unternehmen gut zu überstehen. Nicht umsonst ist der viel zitierte und oft gesagte Spruch: „In der Ruhe liegt die Kraft" von großer Bedeutung. Oft ist die innere Ruhe der Schüssel zum Unternehmenserfolg in stürmischen Zeiten. Ruhepol zu sein, wenn alle wie aufgescheuchte Hühner durch die Gegend laufen, und nicht genau wissen, was zu tun ist, hilft die Übersicht zu bewahren und Entscheidungen genau dann, wenn sie notwendig sind, richtig zu treffen.

Mut zur Vision – auch in Zahlen

Haben Sie doch als Wirt Visionen und definieren Sie Ihre Ziele ganz genau. Wann will ich welches Ziel mit welchem Erfolg realisiert haben? Eine mögliche Zielformulierung wäre zum Beispiel: „Ich möchte im folgenden Geschäftsjahr bis zum 31. Dezember meinen Erlös von 450.000 Euro um 10 Prozent, das sind 45.000 Euro auf 495.000 Euro steigern und eine Umsatzrentabilität von 10 Prozent, das sind 49.500 Euro, realisieren. Die Kosten, um dieses Ziel zu erreichen sollen sich nicht erhöhen." Solche Ziele sind wichtig, denn wenn ich keine Ziele habe, dann kann ich auch keine erreichen. Trauen Sie sich ruhig nach den Sternen zu greifen: Hohe Ziele sind wichtig, denn ich erreiche meist nie 100 Prozent. Es macht daher durchaus Sinn, das Ziel höher anzusetzen und sich dann auch über Teilerfolge zu freuen.

Chancen für Nachwuchs schaffen

Die Perspektiven für junge Menschen, die selbstständig Unternehmer werden wollen, sind derzeit eher getrübt. Das Verhältnis zwischen dem Ertrag der erwirtschaftet werden kann und dem Einsatz, den man bringen muss, steht in keinem Verhältnis mehr zueinander. Allein der Unternehmerlohn, der jedem Unternehmer zusteht, sollte in dem Ausmaß bezahlt werden, dass dem Lohn des am besten verdienenden Arbeiter oder Angestellten entspricht. Die Praxis zeigt jedoch in den allermeisten Fällen etwas anderes.

Erst, wenn alles andere bezahlt wurde, dann nimmt sich der Unternehmer für sich selber Geld als Lohn – und da bleibt leider sehr oft wenig über. Seitens des Fiskus wird verlangt, dass Unternehmerlohn, das ist bei Einzelunternehmern einen Privatentnahme, getätigt wird, um nachzuweisen, dass der Lebensunterhalt bestritten werden kann. Diese Situation könnte ein Spannungsverhältnis mit der Hausbank bringen, denn wenn Privatentnahmen getätigt werden, könnte sehr oft die Frage auftreten, für was das Geld denn benötigt wurde und nicht besser wäre, zu sparen. Das passiert sehr oft in ländlichen Regionalbanken. Zu beachten ist, dass die Einkommensteuer eine private Entnahme ist und keinerlei betrieblichen Aufwand darstellt. Was jedoch Fakt ist, die Einkommensteuer schmälert den Cashflow und steht dem Unternehmer als Bargeld nicht mehr zur Verfügung. Umso wichtiger ist es, dass sich Wirte intensiv mit ihren eigenen Zahlen auseinandersetzen und nicht den Kopf in den Sand stecken. Es gibt Überlebenschancen als Wirt, aber es nicht leicht. Holen Sie sich rechtzeitig Hilfe und starten Sie mit neuer Motivation durch.

> Wie schon Aurelius Augustinus philosophisch meinte: „In dir muss brennen, was du in anderen entzünden willst!"

Appell an alle

Offenbar ist die Politik handlungsunfähig und unsere Politiker haben zu Ja-Sagern mutiert, denn sonst würden nicht unternehmerfeindliche Entscheidungen getroffen werden. Ich persönlich glaube, dass die meisten Politiker nicht mehr wissen, wie sie das Land regieren sollen, um vor allem die ländlichen Regionen wieder auf Erfolgskurs zu bringen.

Die Ausgaben sind viel zu hoch – jede Einsparung würde Wählerstimmen kosten und das kann sich ein Politiker nicht erlauben. Stimmenmaximierung ist das primäre Ziel, allerdings sorgt das unter den Unternehmern für schlechte Stimmung. Wir müssen umdenken. Alle. Niemand ist ausgenommen.

Von Löwen und Ameisen

Von Johannes Stark, einem Trainer für Führungskräfte aus Tirol, erhalte ich immer wieder Powertexte. Eine kleine Geschichte, die ich erhalten habe, spiegelt die gesellschaftliche, wirtschaftliche und politische Situation der heutigen Zeit sehr gut wider. Statt vom Staat als Unternehmer motiviert und animiert, Menschen sollen gerne und viel arbeiten, damit Wertschöpfung erzielt wird und in weiterer Folge auch Steuern bezahlt werden, wird immer mehr reglementiert, kontrolliert und überprüft. Gesetze werden verordnet und mit hohen Geldstrafen sanktioniert. Überall muss man sich identifizieren, authentifizieren, legitimieren und alle persönlichen Informationen bekannt geben. Deshalb soll folgende Geschichte zum Nachdenken anregen:

Eine kleine Ameise kam jeden Tag ganz früh zur Arbeit und fing gleich zu arbeiten an. Sie war sehr fleißig und arbeitet mehr als sie müsste, schaffte viel und war sehr glücklich dabei. Auch die Stimmung in ihrer Abteilung war gut und alle waren fröhlich, lachten und verstanden sich gut. Ihr Chef, ein Löwe, wunderte sich darüber, dass die kleine Ameise ohne Aufsicht und Kontrolle so viel schaffte und so fleißig arbeitete. Er dachte: Wenn sie ohne Aufsicht und Kontrolle schon so viel schafft, dann könnte sie mit Aufsicht und Kontrolle sicher noch viel mehr schaffen und noch effizienter arbeiten. Gedacht getan. Der Löwe stellte eine Kakerlake als Aufseherin ein.

Als Erstes richtete die Kakerlake eine Stechuhr ein, um zu kontrollieren, wann die Ameise kommt und geht und wann sie Pausen macht. Dann brauchte sie natürlich eine Sekretärin, die ihr beim Schreiben der Briefe und Berichte helfen sollte. Sie stellte eine Spinne ein, die für die Archive, Berichte und die Telefonüberwachung zuständig war.

Der Löwe war entzückt und glücklich über die vielen Berichte der Kakerlake und bat sie, Grafiken mit Produktionsdiagrammen zu erstellen, um Tendenzen zu analysieren und Statistiken zu verfassen, damit er diese bei den Besprechungen mit der Geschäftsführung vorlegen konnte. Also kaufte die Kakerlake einen neuen besseren Computer und einen Laserdrucker und stellte eine Fliege ein, welche die Informatikabteilung managen sollte.

Die Ameise, die einst so fleißig, produktiv und glücklich war, hasste diese Unmengen von Papieren, die sie jeden Tag ausfüllen musste, und sie wolle nicht so viele Besprechungen mit Auswertungen, Statistiken und Kontrollblättern, die sie eigentlich nur von der Arbeit abhielten.

Der nächste Schritt war, dass der Löwe noch jemanden für die Abteilung einstellte, in der die Ameise arbeitete. Die Wahl fiel auf die Grille, die als Erstes einen neuen weichen Teppich und einen ergonomischen Stuhl für ihr Büro kaufte. Sie brauchte einen neuen Computer mit Drucker und einen persönlichen Assistenten, der ihr helfen sollte, das Budget und einen Optimierungsplan zu erstellen. Die Abteilung in der die Ameise bisher immer glücklich und fröhlich arbeitete, war nun ein trauriger Ort geworden. Niemand lachte mehr, und durch die vielen Kontrollen und Berichte kam kaum jemand zur eigentlichen Arbeit. Dem Löwen wurde mitgeteilt, dass laut den Statistiken die Abteilung der Ameise nicht mehr so produktiv war wie früher. Also rief der Löwe die Eule, eine anerkannte Gutachterin, um eine Lösung für das Problem zu finden. Die Eule verbrachte nun mehrere Monate in der Abteilung und legte am Ende einen langen Bericht vor. Zusammenfassend meinte die Eule: „Die Abteilung ist überbesetzt!"

Der Löwe hatte diese Zusammenfassung gelesen und musste sofort reagieren und Mitarbeiter entlassen. Und wen feuerte der Löwe als Erstes? Natürlich die Ameise – weil sie unmotiviert war und eine negative Haltung hatte.

Eigene Wege gehen

Wenn die Wirtschaft boomt, ist es nicht schwer, Erfolg zu haben. Es genügt, sich auf Erfahrung zu stützen und einfach zielstrebig und fleißig zu sein.

In den boomenden Tourismusjahren bis 1980 war es sehr leicht, ein Unternehmen zu führen. Es hat meistens gereicht, die Türen des Unternehmens aufzusperren und die Gäste zu bewirten. Marketing war schier ein Fremdwort und kein Unternehmer musste sich in den ungesättigten und wachsenden Märkten Gedanken über neue Gäste machen. Gebucht wurde meist schon ein Jahr im Vorhinein und das gleich für zwei oder drei Wochen.

Die Zeiten und die Märkte haben sich geändert und die alten Methoden funktionieren nicht mehr einfach so. Die Märkte sind gesättigt und die Konkurrenz ist weltweit zu finden, zudem ändern sich permanent die Gäste- und Kundenwünsche. Die Anforderungen an Unternehmer steigen. Allgemeine Unsicherheit, politischer Krisen und fundamentaler wirtschaftlicher Veränderungen – es reicht nicht mehr aus, mit der Masse, mit dem Strom zu schwimmen. Wer das macht was alle machen, der hat das, was alle haben. Denn Schönwetter-Strategien setzen eine gewisse Stabilität voraus und gerade diese wirtschaftliche und soziale Stabilität fehlt in Umbruchzeiten.

Raum für Neues schaffen

All das ist jedoch kein Grund, mutlos zu werden und zu resignieren. Wenn sich gewohnte Strukturen auflösen, dann wird Platz für Neues geschaffen.

Es öffnen sich ungeahnte Horizonte, Möglichkeiten, Chancen und ganz unerwartete Perspektiven. Es sollte einmal quergedacht werden. Ungeachtet der realisierbaren Möglichkeiten sollten einfach viele Möglichkeiten, ob realisierbar oder nicht, durchdacht, erörtert und geprüft werden.

Doch nur wenige erkennen diese Chancen. Die meisten sehen nur, was nicht mehr geht. Nicht das, was stattdessen funktionieren könnte. Vielfach wird einfach so dahin gearbeitet. Vor lauter Arbeit bleibt wenig Zeit sich mit den wesentlichen Aufgaben – nämlich dem Management des Unternehmens – auseinanderzusetzen, den Markt zu beobachten und Ziele formulieren. Festlegen, wohin die Reise geht, kann nur einer – der Unternehmer selbst, wie ein Kapitän der den Kurs der Reise mit definiertem Ziel festlegt.

Überlassen wir das Jammern und Wehklagen unseren Mitbewerbern und nutzen wir deren Angststarre, um uns jetzt für die Zukunft fit zu machen und einen uneinholbaren Vorsprung zu sichern!

Mut haben Entscheidungen zu treffen

Aufgaben gleich und vollständig zu erledigen, war mir immer ein großes Anliegen. Warum soll man eigentlich Aufgaben gleich erledigen? Für mich sind Aufgaben ursächliche Probleme, die gelöst wurden und durch die Routine werden diese Probleme zu Aufgaben. Bei Problemen weiß ich den Lösungsweg nicht oder nicht ganz genau. Wenn ich Probleme löse, dann kenne ich die Mittel und Wege dazu. Dann sind Probleme Aufgaben, deren Lösungsweg ich kenne. Sie sind zu lösen wie eine Mathematikaufgabe. Aber das ist ein Problem, wenn sie den Lösungsweg oder die Formel nicht kennen.

Mein Lieblingsvergleich während der Erziehungszeit unserer beiden Söhne war jener mit dem Schnee. Wenn ich Probleme nicht löse, dann werden nie Aufgaben daraus. Aufgaben zu lösen ist, wie wenn es viel schneit. Schnee, wenn er eine gewisse Höhe erreicht hat, muss weg geschaufelt werden. Es hilft meist nicht, den Schnee nur vor sich hinzuschieben. So wie Aufgaben schieben nicht lohnend ist. Es wird der Schneehaufen immer größer, genau wie die Aufgaben immer mehr werden, bis sie kaum noch lösbar sind. Bald sieht man vor lauter Aufgaben keinen Ausweg. Burnout.

Ich möchte mich bedanken, dass Sie das Buch bis zum Ende gelesen haben, und möchte Ihnen noch folgende Worte von Cicero mit auf Ihren erfolgreichen Weg geben:

„Fange niemals an aufzuhören und höre niemals auf anzufangen!"

Über den Autor und den Kirchenwirt

Ludwig Graber

 Dkfm. (FH) Ludwig Graber, geb. 1966 in Villach, ist verheiratet und hat zwei Söhne. Als ausgebildeter Touristikkaufmann führt er in Finkenstein am Faaker See in der sechsten Generation gemeinsam mit seiner Frau Gaby das Wirtshaus „Kirchenwirt".

Als Unternehmensberater, Gastro-Coach sowie allgemein beeideter und gerichtlich zertifizierter Sachverständiger für die Gastronomie bietet er begleitende Beratung für kleine und mittlere Gastgewerbebetriebe. In Seminaren, Workshops und Vorträgen gibt er sein Wissen weiter. Außerdem engagiert er sich seit 2012 als Obmann der Kärntner Wirtshauskultur und fungiert als Vorstandsmitglied des Tourismusverbandes Finkenstein am Faaker See. Graber ist aktiver Prüfer bei Lehrabschlussprüfungen, lehrt als Trainer und war stellvertretender Obmann der Fachgruppe Gastronomie in der Wirtschaftskammer Kärnten. Kontakt: Telefon +43 664 9153478.

Der Kirchenwirt – Historisches

Neben der im Jahre 1472 von Meister Jörg aus Klagenfurt erbauten spätgotischen Pfarrkirche St. Stefan, liegt der Kirchenwirt mit dem Vulgonamen "Kramer'tsch". Im Wandel der Zeit wurde das alte Gemäuer immer wieder renoviert, es wurde dazu- und neu gebaut.

Beim "Kramer'tsch" gab es früher auch eine Landwirtschaft, die in den 60er Jahren aufgelöst wurde.

Das bereits 1894 betriebene Kaufhaus, ein richtiger "Kramerladen", musste 1989 den großen Einkaufszentren weichen. Nach wie vor lädt der Kirchenwirt als bodenständiger Gasthof zum geselligen Verweilen und Schlemmen ein. Familie Graber bewirtet das gemütliche Wirtshaus nun schon seit mehr als sechs Generationen.

Heute führen Gaby und Ludwig Graber das traditionelle Familienunternehmen. Unterstützt werden sie gelegentlich von Sohn René, der die Kochlehre erfolgreich beim Kirchenwirt absolviert hat und Sohn Patrick, er hat die KTS-Villach Warmbad abgeschlossen. Patrick ist F&B-Manager und arbeitet derzeit in Wien.

Die Unternehmensphilosophie finden Sie im Marketingkapitel dieses Buches oder auf www.kirchenwirt. in

Literaturverzeichnis

AXELROD, R. (2005): Die Evolution der Kooperation, 6. Auflage. München: R. Oldenbourg Verlag.

BEA, F. X.; HAAS, J. (2005): Strategisches Management. 4. Auflage. Stuttgart: Lucius & Lucius Verlagsgesellschaft mbH.

BINA, W. (2000): Das Dorfgasthaus – Die Wirtin als alltägliche psychosoziale Helferin, Institut für Psychologie der Universität Klagenfurt.

BORNETT, W.; BRUCKNER, B.; HAMMER-SCHMIED, H.; MASOPUST, H. (2006). Rating-Kennzahlen berechnen – analysieren – verbessern. Wien: AV+Astoria Druckzentrum GmbH.

BRANDENBURGER, A.; NALEBUFF, B. (2008): Coopetition: kooperativ konkurrieren. Mit der Spieltheorie zum Geschäftserfolg. Eschborn: Christian Rieck Verlag.

CAVALLONI, C. (1991): Mehr Mut zur Marktnische: Leitfaden zur Entwicklung einer gewinnträchtigen Nischenstrategie. Zürich: Verlag Industrielle Organisation.

FREYER, W. (2007): Tourismus-Marketing. Marktorientiertes Management im Mikro- und Makrobereich der Tourismuswirtschaft. 5. Auflage. München: Oldenbourg Wissenschaftsverlag GmbH.

FEIGE, A. (2007): BrandFuture, Praktisches Markenwissen für die Marktführer von morgen. Zürich: Orell Füssli Verlag AG.

GRABER, E.-B. (2001): Projekterfolg durch Rückbindung an die Unternehmensvision. Heidelberg: Carl-Auer-Systeme Verlag

GRIMM, Hans-Ulrich (1999): Die Suppe lügt: die schöne neue Welt des Essens. Stuttgart: Klett-Cotta, 7. Auflage.

HARNISCH, W. (2005): Finkenstein und seine Geschichte, Marktgemeinde Finkenstein am Faaker See. Viktring: Verlag Hermagoras-Hohorjeva.

HUBER, H. (2004): STAHR - Standard der Abrechnung für Hotels und Restaurants, 1. Auflage. Linz: Trauner Druck.

HUTZSCHENREUTER, T. (2009): Allgemeine Betriebswirtschaftslehre. Grundlagen mit zahlreichen Praxisbeispielen. 3. Auflage. Wiesbaden: Gabler/GWV Fachverlage GmbH.

JURITSCH, E.; NADVORNIK, W.; GUTSCHELHOFER, A. (2007): Unternehmensnachfolge in

Familienbetrieben. WIEN: Linde Verlag Wien Ges.m.b.H.

KAISER, D. (2008): Treasury Management. Betriebswirtschaftliche Grundlagen der Finanzierung und Investition. Wiesbaden: Gabler/GWV Fachverlag GmbH.

KÄRNTNER BILDUNGSWERK & VEREIN KÄRNTNER WIRTSHAUS-KULTUR (2000): Stirbt das Wirtshaus, stirbt das Land.

LIEBEL, H. (1978): Führungspsychologie. Theoretische und empirische Beiträge. Göttingen/Toronto/Zürich: Verlag für Psychologie, Dr. Hogrefe.

LUNDIN, S.; PAUL, H.; CHRISTENSEN, J. (2001): Fish! Ein ungewöhnliches Motivationsbuch. Frankfurt; Wien: Ueberreuter.

MASLOW, A. (1977): Motivation und Persönlichkeit. Olten: Walter Verlag AG. Deutsche Ausgabe.

MEFFERT, H. (2000): Marketing, Grundlagen marktorientierter Unternehmensführung, 9. Auflage. Wiesbaden: Verlag Dr. Th. Gabler GmbH.

MEYER, J.-A. (2003): Unternehmensbewertung und Basel II in kleinen und mitt-leren Unternehmen. Lohmar: Josef Eul Verlag.

214

MEYER, C. (2007): Betriebswirtschaftliche Kennzahlen und Kennzahlen-Systeme, 4. Auflage. Sternenfels: Verlag Wissenschaft & Praxis, Dr. Brauner GmbH.

MEYER, L. (2000): Stirbt das Wirtshaus, stirbt das „Land"! Studie: Zur Lebens- und Arbeitssituation von Gastwirten und Gastwirtinnen in Kärnten. Klagenfurt: Verein Kärntner Wirtshauskultur.

MITTELSTANDSBERICHT (2008) o.V.: Bundesministerium für Wirtschaft und Arbeit, Mittelstandsbericht 2006/07, Bericht über die Situation der kleinen und mittleren Unternehmungen der gewerblichen Wirtschaft. Wien: Bundesministerium für Wirtschaft und Arbeit.

NIERHAUS, P.; PLONER, J.-G. (2008): Reich in der Gastronomie. Strategien für die Zukunft. 2. Auflage. Stuttgart: Matthaes Verlag GmbH.

OLFERT, K.; REICHEL, C., (2006): Investition. Ludwigshafen: Friedrich Kiel Verlag.

PERRIDON, L.; STEINER, M. (2002): Finanzwirtschaft der Unternehmung. München: Vahlen Verlag.

PERRIDON, L.; STEINER, M. (2007): Finanzwirtschaft der Unternehmung, 14. Auflage. München: Verlag Franz Vahlen GmbH.

SCHÄTZING, E. (2000): Motivation zu Spitzenleistungen, 150 Ideen aus der Praxis. Band 1. München: IHRA-Institut.

SCHÄTZING, E. (2001): So motivieren Sie sich selbst & Ihre Mitarbeiter zu Spitzenleistungen. Impulsvortrag im Rahmen der GAST (Gastronomiefachmesse), „Tag der Kärntner Gastronomie", WKK, Klagenfurt am Montag, den 12. März 2001, 14:00h.

SCHUH, G.; FRIEDLI, T.; KURR, M. (2005): Kooperationsmanagement. St. Gallen – Aachen: Carl Hanser Verlag München Wien.

SCHULKE, A. (2003): Kooperation zwischen traditionellen Unternehmen und E-Business Startups, 1. Auflage. Lohmar - Köln: Josef Eul Verlag GmbH.

SPRENGER, R. (1992): Mythos Motivation: Wege aus einer Sackgasse. 4. Auflage. Frankfurt/Main; New York: Campus Verlag.

SPRENGER, R. (2005): Mythos Motivation: Wege aus einer Sackgasse. Limitierte Sonderausgabe 2005. Frankfurt/Main: Campus Verlag GmbH.

TREBOKE, H.-J.; LAURER T. (2005): Betriebliches Finanzmanagement. Stuttgart: W. Kohlhammer Druckerei GmbH + Co.KG.

TERZIC, I. (2009): Betriebskennzahlen in der Kärntner Gastronomie, Alpen-Adria-Universität Klagenfurt, Institut für Finanzmanagement. Klagenfurt: Wirtschafskammer Kärnten.

WEISSBUCH TOURISMUS (2005): Österreichische Gesellschaft für Marketing, Bösendorferstraße 2, 1010 WIEN.

WIESWEDE, G. (1980): Motivation und Arbeitsverhalten. Organisationspsychologischer und industriesoziologischer Aspekt der Arbeitswelt. München; Basel: Verlag Reinhardt.

WÖHE, G.; BILSTEIN, J. (2002): Grundzüge der Unternehmensfinanzierung, 9. Auflage. München: Vahlen Verlag.

ZELLMANN, P. (2007): Die Zukunftsfallen. Wo sie sich verbergen. Wie wir sie umgehen. Wien: Österreichische Verlagsgesellschaft.